Tirso de Molina

El Aquiles

Barcelona **2024**
Linkgua-ediciones.com

Créditos

Título original: El Aquiles.

© 2024, Red ediciones S.L.

e-mail: info@linkgua.com

Diseño de cubierta: Michel Mallard.

ISBN tapa dura: 978-84-9897-338-9.
ISBN rústica: 978-84-9816-491-6.
ISBN ebook: 978-84-9897-191-0.

Sumario

Brevísima presentación

La vida

Tirso de Molina (Madrid, 1583-Almazán, Soria, 1648). España. Se dice que era hijo bastardo del duque de Osuna, pero otros lo niegan. Se sabe poco de su vida hasta su ingreso como novicio en la Orden mercedaria en 1600 y su profesión al año siguiente en Guadalajara. Parece que había escrito comedias, al tiempo que viajaba por Galicia y Portugal. En 1614 sufrió su primer destierro de la corte por sus sátiras contra la nobleza. Dos años más tarde fue enviado a la Hispaniola (actual República Dominicana), regresó en 1618. Su vocación artística y su actitud contraria a los cenáculos culteranos no facilitó sus relaciones con las autoridades. En 1625, el Concejo de Castilla lo amonestó por escribir comedias y le prohibió volver a hacerlo bajo amenaza de excomunión. Desde entonces solo escribió tres nuevas piezas y consagró el resto de su vida a las tareas de la orden.

Personajes

Ulises
Nicandro
Telémaco, niño
Quirón, viejo
Héctor
Aquiles
Briseida
Tetis, dama
Licómedes
Peloro
Menelao, rey
Patroclo
Lisandro, príncipe
Diomedes
Palamedes
Garbón, pastor
Deidamia, infanta
Casandra
Nisiro, soldado
Tebandro
Policena
Soldados
Un Criado

Jornada primera

(Salen Ulises, Telémaco, niño, y Nicandro, griego.)

Ulises

Nunca al tálamo justo,
coyundas de Himeneo,
de Peleo y de Tetis enlazaras
con la cerviz el gusto;
ya que dio a Peleo
la mano Tetis, nunca convidaras
los dioses, ni injuriaras
la discordia traviesa,
cuya manzana de oro
ponzoña dio en tesoro
e infausta sobremesa
a la ocasión tirana
si hechiza a toda Grecia una manzana.
    Nunca fuera piadosa
con el pastor tirano
la osa tributaria de sus pechos,
o ya que de una osa
mamó el licor villano,
pues al monstruo cosario pagó pechos
nunca de él satisfechos,
árbitro juez le hicieran
competidores ojos,
ocasionando enojos,
que tal venganza esperan,
si yo llevo la pena,
la gloria Venus y la culpa Elena.
    ¡Ay Penélope bella!
¡Ay hijo amado mío!
Mitades de mi vida; en mi tormento,
estorbos atropella

de amor el señorío
cuando a la honra obliga el juramento.
  Contra el pastor violento
todos los griegos reyes
juraron la venganza
de Menelao, y alcanza
el rigor de sus leyes
a mi quietud sabrosa
seguro con tal hijo y tal esposa.
  El parche vengativo
a vuestro Ulises llama,
detiene amor y el juramiento aprieta,
si no me parto vivo
con riesgo de mi fama
al qué dirán del vulgo vil sujeta;
si me parto, es profeta
el alma de los daños
que en esta ausencia temo;
y entre uno y otro extremo,
miedos y desengaños
confusa traen mi vida
partida entre el sosiego y la partida.
  El honor me aconseja
que no pierdan los ojos
de vista esposa que apetecen tantos,
y el mismo honor no deja
que, asegurando enojos,
tímido quiebre juramentos santos;
encuéntranselos llantos
de obligación y ausencia;
aquélla me da prisa,
y ésta mi muerte avisa;
¿qué hará, pues, mi paciencia
sin una y otra joya,

de tres almas en Grecia, un cuerpo en Troya?

Nicandro   De dos forzosos daños,
el menos peligroso
escoge el sabio que el peligro mide;
A tus maduros años,
Ulises generoso,
consultando el menor, consejos pide.
Si el alma se divide
partiéndote de Grecia
en las prendas que adoras
y contando las horas
que la quietud desprecia,
Penélope está enferma,
¿por qué querrás dejar tu patria yerma?
   Procure el injuriado
vengar agravios suyos,
y de Elena castigue la mudanza,
que no por su cuidado
es bien crecer los tuyos
y a tu esposa olvidar por su venganza.
Si tu experiencia alcanza
los daños que recuerdas,
¿será prudente cosa
por que él cobre a su esposa
que tú la tuya pierdas?
¿Y que en demanda ajena
a Penélope dejes por Elena?

Telémaco   Padre, no se me ausente,
que está mi madre mala
y se nos morirá si la desprecia;
si mis suspiros siente
y el tierno amor iguala

a la hermosura y caridad de Grecia,
¿no será cosa recia
que tal esposa e hijo
por ausentarse olvide?
Mi madre esto le pide,
y si se va, me dijo
que no esperase, padre,
gozar una hora más viva a mi madre.
   Pues si ella se me muere
y el padre se me ausenta,
huérfano de los dos, ¿de mí qué aguarda?
Quédese en casa —¿quiere?—
Tendrála a ella contenta
y a mí seguro en su amorosa guarda;
advierta que si tarda
de asegurar temores
dos vidas atropella,
pues muerto yo con ella,
aumentaré dolores
diciendo en la otra vida
que de su esposa e hijo fue homicida.

Ulises   ¡Ay, Telémaco mío!
Persuasivo, elocuente,
anegarme en tu tierno llanto puedes;
cada perla es un río
que en líquida corriente
a las del Nilo en eficacia excedes.
Ya viene Palamedes
a llamarme perjuro
si el juramento santo
que al cielo hice quebranto;
no está mi amor seguro
si niego mi partida,

ni si me parto lo estará mi vida.
  Pero si el Amor fuerza
y el juramento obliga,
venza el Amor, pues es mayor su exceso;
¿qué fuerza hay que a su fuerza
resista, sin que siga
yugo inmortal que a tanto dios ha preso?
Quíteme amor el seso
y no me quite ahora
mi esposa por la ajena;
robó Paris a Elena,
si Menelao la adora,
réstame su hermosura,
que no hay obligación donde hay locura.

(Llévase el niño y vase. Salen Palamedes y Peloro.)

Palamedes   No queda en Grecia señor
que no parta contra Troya,
y esta acción solo se apoya
en el ingenio y valor
  de Ulises, pues sus ardides,
si a sabios se ha de creer,
de más provecho han de ser
que las hazañas de Alcides.
  Juró defender a Elena
con los demás en la ley,
que Tíndaro, griego rey,
si no la cumplen, condena.
  Robóla Paris. Si intenta
Ulises buscar ahora
excusas por ver que llora
Penélope, de su afrenta
  serán los dioses testigos;

pues sus aras menosprecia,
y a los príncipes de Grecia
tendrá por sus enemigos.
El ejército me envía
por él.

Pelodoro   Amor, que es más fuerte,
y a las puertas de la muerte
con Penélope porfía,
o acabarla, u obligar
a que su esposa se quede,
en tal juramento puede
justamente dispensar.

Nicandro   Dejar sola tal mujer
ni es amor ni es fortaleza,
tiraniza a la belleza,
ya la ausencia, ya el poder.
Y si uno y otro se junta
y tantos la han pretendido,
siendo madre del olvido
la ausencia, llore difunta
su honra, Ulises ausente.

Palamedes   Penélope es la más casta
de toda Grecia.

Pelodoro   No basta
ese valor excelente
para el recelo que lleva,
ni puede discreto ser,
siendo vidrio la mujer,
quién con la ausencia la prueba.
Según esto, no os espante,

viendo que a la muerte está,
si Ulises con vos no va.

Palamedes   Menos valiente es que amante;
                pero yo no he de ir sin él
                o ha de quedar por perjuro,
                pues la victoria aventuro
                que tengo cierta por él.

(Sale Ulises medio desnudo y loco.)

Ulises   Toquen las cajas aprisa,
                y pues Grecia a Troya pasa,
                abrase Ulises su casa.
                ¿Hércules está en camisa?
                    Deyanira le pegó
                la ponzoña del Centauro.
                Creta encierre el Minotauro,
                que Pasifé le parió;
                    pobre Minos, ¿qué dolor
                de cabeza os atormenta?
                El marido que se ausenta
                eche en remojo su honor.
                    Toro se llama la cama
                del matrimonio en latín,
                etimología ruín
                sacará de ella la fama,
                    díganlo los adivinos,
                mientras yo mi ausencia lloro,
                ¿la Pasifé con el toro
                y sin azotarla Minos?
                    ¡Oh, bellaco! ¿De malicia
                qué laberintos trazáis
                y a mí a Troya me enviáis?

¡Malos años! ¿No hay justicia?

Palamedes   ¿Qué es esto?

Nicandro   Ulises sin seso,
que a no perderle, no fuera
tan discreto, ni quisiera
su esposa en tanto exceso.

Pelodoro   Deja la mayor belleza
que enamoró al dios rapaz
el reino que goza en paz
y un hijo de su riqueza
  y discreción heredero;
pártese a ajenas venganzas,
el honor teme mudanzas
y Amor desnudo el acero.
  Quien ama cuerdo, ama poco;
ama mucho y loco está.

Palamedes   Cobarde temor será
y engaño el fingirse loco.
  Ya Grecia tiene experiencia
de sus astucias, malicia
es toda.

(Ulises pregona y azótase.)

Ulises   Ésta es la justicia
que manda hacer el ausencia
  a un recién casado —Dale.
¡Oh, cómo escuece el traidor!—
que se ausenta de su honor
y de su casa se sale.

¡Qué indigenta está la penca!
Gran delito debe ser
dejar a propia mujer
por otra mujer mostrenca.

Libros hay de ejemplos llenos,
donde leerá el que los trata
que es un asno el que se mata
cual yo por duelos ajenos.
Por Dios que estábamos buenos
dejándonos en los nidos
los pajaricos perdidos
en uñas del gavilán.
El refrán
diga que a muertos y a idos
no hay amigos, mas yo trueco
—perdóneme Dios si peco—
a estos versos los sentidos,
y entendidos,
rezan con causa mayor
que el honor
canta, que a muertos y a idos
no hay maridos,
no hay maridos, que es peor.
Pues si entre ausencias y olvidos
de la honra no hay noticia,
y de milicia
a malicia va tan poco,
¿quién se parte a la milicia?
¿Ausencia necia
a mí sacarme de Grecia?
¡Malos años! ¡No hay justicia!

Nicandro   ¿Hay lástima semejante?

Ulises	¿Yo, entre cajas y pendones,
	marido de comisiones?
	Vaya la mujer delante,
	llore y cante
	como cuerdo y como loco
	quien tiene su honor en poco,
	que yo, entre él llanto y la risa,
	ni tengo espacio ni prisa.
	Menelao su enojo aplaque
	y vengue su badulaque,
	porque, cual dijo mi abuela,
	a quien le duele la muela,
	la muela, que se la saque;
	o si no yo iré a la guerra,
	como no quede en mi tierra
	hombre que amando negocia;
	que yo ausentarme no quiero
	si no los llevan primero
	a todos a Capaocia.
	¿Penelopica en Escocia?
	¿Yo sin Penelopica?
	¡Fuego de Dios, cómo pica!
	Ella hilando, otros urdiendo,
	y amor la trama tejiendo
	en mohatras la avaricia
	conquistando la codicia.
	¿Pasifé abrazando al toro
	y Venus al monstruo de oro?
	¡Malos años! ¡No hay justicia!
Pelodoro	¡Desgracia, por Dios, extraña!
Nicandro	Notable fuerza de Amor.

Ulises	De alfeñique es el honor
	y la mujer es de caña,
	si a Paris Elena engaña
	llévese él la penitencia.
	¿Comílo yo? ¿Hay tal sentencia?
	Mandar pagar sus amores
	justos hoy por pecadores.
	Donosa es, por Dios, la maula,
	metiérala en una jaula,
	o colgarásela al cuello,
	que yo —si quieren sabello—
	loco, mas no mentecato,
	no dejo la carne al gato
	ni a los osos la colmena;
	si Elena es mala o es buena
	allá se lo haya;
	si se fue a holgar a la playa
	tómeselo que la vino,
	que el borracho junto al vino
	dirá la jurispericia
	que es malicia.
	Lo que el Troyano comió
	¿quieren que lo escote yo?
	¡Malos años! ¡No hay justicia!

(Vase Ulises.)

Nicandro	Id tras él, que está furioso;
	no le suceda algún daño.

Palamedes	Todo esto es ficción y engaño.
	Ulises es cauteloso.
	Yo probaré su locura

o fingido frenesí
que no ha de excusar así
su miedo y nuestra ventura.

(Vase. Sale Ulises sembrando sal.)

Ulises

Fuera, que soy labrador;
sal siembro en lugar de pan,
porque así no picarán
avechuchos en mi honor.
Tienen a mi esposa amor
muchos, y por Dios que es malo;
la sal preserva al regalo,
mi esposa se queda acá,
y no se me dañará
si aunque me ausente la salo.

(Siembra.)

    ¿No es la sal sabiduría?
El sembrarla, pues, me importe,
que hay poca, y anda en la Corte
en coches la bobería.
Hay notable carestía
de doncellas recatadas;
las más están decentadas,
por eso me ocupo en esto,
que si se dañan tan presto
es porque no están saladas.

Nicandro

Rey, gran señor, vuelve en ti.

Ulises

    Bueno, ¿pues paréceos mal
sembrar mi casa de sal
y esterilizarla así?
El amor, ¿no es fuego? Sí.
¿No es estopa la hermosura?

Pues si abrasarla procura
el fuego del amor ciego,
saltar ha la sal del fuego
y mi honra estará segura.
  Ea, ya habemos sembrado;
démosle ahora una reja;
quien se va y su mujer deja
no cogerá fruto honrado.
¿No entierra al grano el arado,
que con el tiempo batalla,
y después colmado se halla?.
Pues quien quisiere coger
fruto de honra en la mujer,
cuando se ausente, enterralla.
  La deshonra es, a mi cuenta,
mastín que a la fama ladra;
mirad si el nombre le cuadra,
pues muerde al pobre que afrenta;
luego si mi amor se ausenta
                  y da tras mí,
¿no es bueno sembrar sal? Sí;
y no sembrarla, ¿no es malo?
Sí; que al perro, si no hay palo,
el remedio es «¡sal aquí».
  Vosotros me serviréis
de guebras, poneos aquí.

(Ara con ellos.)

Pelodoro   Si ha de sosegarse así,
                  sigamos su humor.

Ulises   ¿No veis
                  que es justo que me ayudéis,

pues cultivar mi honor quiero?
Are el cuidado primero
lo que la opinión sembró;
mas con bueyes, eso no,
que en tal tierra es mal agüero.

(Toma el azadón   mejor es el azadón
y cava.)   y ahorraremos de molestias,
que no es bien fiar de bestias
el honor y la opinión.
Quitemos toda ocasión,
ningún terrón nos impida
la cosecha en mi partida,
que es tropezón la belleza,
y la mujer, si tropieza,
dadla también por caída.

(Sale Palamedes con Telémaco en los brazos.)

Palamedes   Ea, Ulises, yo también
soy labrador como vos,
sembremos juntos los dos.

Ulises   Pardiez, vaya, decís bien.

Palamedes   Porque buen año nos den
frutos de esta sementera,
grano es Telémaco, muera,

(Saca la daga.)   y os dará el tiempo oportuno
los hijos ciento por uno
a la cosecha primera.
Con su sangre es bien regar
la tierra, pues que no llueve;
muera, y fruto el campo lleve.

Telémaco   ¿Por qué me quiere matar?
                  Padre, llégueme a vengar.

Palamedes   Yo seré el ejecutor,
                  muera el fruto, aunque esté en flor,
                  y multiplique despojos.

(Vale a dar. Tiénele Ulises.)

Telémaco   ¿Padre?

Ulises   ¡Ay hijo de mis ojos,
                  tierno efecto de mi amor!
                     Si con prueba tan costosa
                  se ha de excusar mi partida,
                  Ulises pierda la vida
                  y auséntese de su esposa.
                  Mi locura cautelosa,
                  Palamedes, ya ha cesado.
                  Obedezcamos al hado
                  y no pierda yo opinión
                  con vos, pues cualquier perdón
                  merece el temor casado.

Palamedes   Con la victoria presente
                  mi fama a ilustrar comienzo,
                  que, pues en ingenio os venzo,
                  más que todos soy valiente.
                  Vamos, Ulises prudente,
                  a Troya, que la venganza
                  tiene puesta su esperanza
                  solo en vos, pues más efeto
                  hace un capitán discreto
                  que el arnés, la flecha y lanza.

Consolad a vuestra esposa,
y veréis que en esta ausencia,
si es casta por excelencia,
os gana fama gloriosa.

Ulises   ¡Ay prenda del alma hermosa!
En fin, me parto y os pierdo;
honor, entrad en acuerdo,
y pues en el mal que toco
no bastó fingirme loco,
sed vos en mi ausencia cuerdo.

(Vanse. Salen Aquiles, que ha de hacer la mujer vestida de pieles con un bir-
tón, y Quirón, viejo, también de pieles, y Tetis bizarramente vestida de campo.)

Quirón   Ya no te pueden sufrir,
Aquiles, estas montañas,
a nadie dejas vivir;
de tus costumbres extrañas
todos procuran huír.
      ¿Qué pastor por ti no está
señalado? ¿Qué pastora,
cuando a su cabaña va,
de ti no se queja y llora,
y mil querellas me da?
      No diferencias los brutos
de los hombres, ni aun los frutos
de ti se pueden librar,
pues, antes de madurar,
forzados te dan tributos.
      No sé yo de qué aprovecha
lo mucho que te he enseñado,
la ciencia está satisfecha
con el natural templado

que el bárbaro ser desecha.
    Hizo a la filosofía
para moderar pasiones
el Sol, que todo lo cría.
En ella te di lecciones,
y en ti lograrse podría;
    la música, ya tu sabes
que con agudos y graves,
ánimos silvestres templa,
y que el que en ella contempla
le da del alma las llaves.
    Tocas el arpa y la lira
y tus costumbres no tocas;
quien te oye cantar se admira,
y de tus costumbres locas
asombrado se retira.
    Debajo de tal belleza,
¿es posible que se esconda
tan cruel naturaleza?
En las fieras corresponda
al cuerpo la rustiqueza,
    pero no en ti, cuya suerte,
si tan bello quiso hacerte,
arrepentido repara
que enamoras con la cara
y con los brazos das muerte.

Aquiles   Tú tienes la culpa de eso;
desde niño me criaste,
Quirón, robusto y travieso;
con leche me alimentaste
de una onza, así profeso
    el natural heredado
de la leche que mamé.

Carnes de fieras me has dado
A comer, nunca gusté
ni la liebre ni el venado.

En éstos el temor crece
que huyendo los envilece;
imitando a esotros voy.
Bien haya, pues su hijo soy,
quien a los suyos parece.

Tetis   ¿Hijo de las fieras?

Aquiles   Sí.

Tetis   ¿Y no mío?

Aquiles   El ser primero
te debo, pues que nací
de ti, pero no el postrero
que del sustento adquirí.

Ya sé que el Rey Peleo fue
mi padre y esposo tuyo;
pero como me crié
entre estos montes, concluyo
que en ellos me transformé.

A Quirón me encomendaste;
forma quejas, madre, de él
si tan diverso me hallaste,
que yo estimo ser cruel
en más que ser tu hijo.

Quirón   Baste.

Aquiles   Voy a vengar en leones
y tigres lo que no puedo

en vuestras reprehensiones.

Tetis   Hijo, espera.

Aquiles   Escuche el miedo
consejos y persuasiones.

(Vase.)

Tetis   ¡Ay hijo del alma mía!
Ese valor ha de ser
mi muerte, y yo he de perder,
perdiéndote, mi alegría.
      Quirón, un mortal asombro
ocasionó mi camino;
el oráculo divino
y mil sabios que no nombro
      me afirman que si se parte
con el ejército griego
mi Aquiles a Troya, el fuego
que Venus ofrece a Marte
      ha de ser su perdición;
muerte le han de dar cruel,
puesto que quede por él
asolada la nación
      que en Troya a Paris ampara.
Esto profetiza Apolo;
es hijo Aquiles, es solo
y es los ojos de esta cara.
      Si siempre que se me acuerda
que su luz me ha de faltar
excede mi llanto al mar,
¿qué he de hacer cuando le pierda?
      Tú, que su ayo y maestro

eres desde que salió
al mundo, y de quien fió
mi fe el amor que le muestro,
   aconséjame del modo
que podré librar su vida,
que a esto ha sido mi venida.

Quirón
   Ya yo sé que el mundo todo
ha de registrar Ulises,
que de buscarle se encarga,
y a cuya prudencia larga
los más remotos países
   no han de poder defenderle.
Si su natural inquieto
diera lugar al secreto,
lo mejor fuera esconderle.
   Mas ¿cómo tendrá sosiego
encerrada la inquietud,
con grillos la juventud,
y dentro la mina el fuego?
   ¿Pero qué es ello?

Tetis   ¡Ay de mi!

(De dentro voces y ruido.)

Deidamia   ¡Aquí, cazadores míos,
favor!

Aquiles   No huyáis, persuadíos
que no soy monstruo.

Deidamia   ¡Aquí, aquí!

Aquiles	Hechizo que el viento excedes,
	detén el curso y temor;
	hombre soy.
Deidamia	Dadme favor,
	vasallos de Licomedes.
Tetis	Éste es mi Aquiles; procura
	sosegarle.
Quirón	Él es de suerte
	que o los ha de dar la muerte
	o hacer alguna locura.

(Vanse. Sale Aquiles con Deidamia en los brazos, que vendrá vestida de cara bizarramente. Luego cazadores.)

Aquiles	Desmayóseme en los brazos.
(Pónela en el suelo.)	Emboscado estoy seguro;
	aquí corre un cristal puro
	que el cuerpo divide en lazos.
	Cristal con cristal pretendo
	resucitar.
Deidamia	¡Ay de mí!
	¿Dónde estoy?
Aquiles	Ya ha vuelto en sí.
	Dos soles están lloviendo.
	Sosegad, mi cazadora,
	que si da gusto la presa
	a quien la caza profesa,
	un alma que en vos adora
	tenéis a los pies rendida;

mas ¿qué mucho la rindáis
si con dos flechas tiráis
que, dando muerte, dan vida?

Deidamia   Monstruo, mas no digo bien,
que ofendo tu gentileza,
aunque tan rara belleza
monstruosidad es también.
    Deidad de este bosque umbroso,
héroe, semidiós u hombre,
que no hallo decente nombre
que cuadre a tu rostro hermoso;
    mira que heredera soy
hija del Rey Licomedes,
y que si el límite excedes
honesto y dos voces doy,
    tengo esta montaña llena
de monteros que podrán
darte muerte y mezclarán
con mi venganza mi pena.

Aquiles   Princesa de mis ojos,
que, pues en ellos tiene
su origen mi esperanza
justo es que en ellos reines,
recelos asegura,
que no osan atreverse
a tu deidad hermosa
deseos descorteses.
Efectos tan contrarios
en mí ha causado el verte,
que hielas por lo grave
y por lo hermoso enciendes.
Solía yo, y no ha mucho,

matando entretenerme,
haciendo mal holgarme,
pacífico ofenderme,
cazando día y noche,
huían igualmente
de mí por esos campos
los brutos y las gentes.
¿Qué rústico los pisa
que en viéndome no tiemble,
de día no se esconda,
de noche no me sueñe?
¿Qué serranilla simple
me mira que dispense
con ella la hermosura
humilde por silvestre?
Los más robustos árboles
de aquestas selvas verdes,
temblándome en sus hojas
dan muestras que me temen.
Los tigres y leones,
sin que mi lucha esperen,
huyendo con bramidos
me aplauden más valiente.
Tú sola, victoriosa,
trofeos grabar puedes
en bronces inmortales,
pues sola tú me vences.
Salí a buscar venganzas
de agravios que reprenden
en canas venerables
dictámenes crueles,
y cuando más furioso,
miréte en una fuente
copiando tu hermosura

cristales por pinceles,
templado suspendíme,
suspenso contempléte,
perdíme contemplándote,
contemplando adoréte.
En agua me abrasaste,
no sé si fue agua ardiente,
más sé que de ella forjas
rayos para vencerme.
Alzaste los dos soles,
y apenas llegó a verme
la luz que en ellos vive,
cuando a los vientos leves,
hurtándoles las alas
la fugitiva liebre,
no osó cuando corrías
correr más, por correrse.
Talares de Mercurio
me dio mi feliz suerte,
pues te alcancé amoroso
y te detuve alegre.
Desmayos y temores,
si frágiles, prudentes,
al pecho retiraron
corales y claveles.
Mas ya que restituyes
a la animada nieve
la púrpura usurpada
que a darla esmaltes vuelve,
penetra con los ojos
un alma, que entre pieles
rendida te idolatra
y humilde te obedece.

Deidamia	Discreto, persuasivo,
	¿en qué escuelas aprendes
	retórica amorosa
	en montes elocuente?
	Conclúyesme elegante,
	hermoso me enterneces,
	compuesto me aseguras
	y sabio me convences.
	Si como amante obligas,
	mi rigurosa suerte
	hubiera excepcionado
	mi gusto antes de verte,
	y no tuviera padres,
	cuya obediencia prende
	en concertadas bodas
	el alma que suspendes,
	¿qué dicha como amarte?
	¿Qué gloria como hacerte
	del reino y alma mía
	señor eternamente?
	Mi padre me da esposo,
	que ya por ti aborrecen
	los ojos, que no ha un hora
	lloraban hasta verle.
	Soy hija, es rey severo
	mi padre Licomedes;
	¿a quién no obligan padres?
	¿A quién no fuerzan reyes?
	Amante de imposibles
	soy ya, véngate en verme
	imposibilitada
	del bien que mi alma pierde.
	Nunca pluguiera al hado
	sacara al campo redes

que en vez de fieras y aves
su cazadora prenden,
pues volveré a mi corte,
si loca por quererte,
eternizando llantos
que tu memoria aumenten,

Aquiles   ¿Pues quién será bastante,
si tú, mi bien, me quieres,
A violentar tu gusto?
Yo soy...

(Voces y ruido de dentro.)

Cazador I   Aquí, aquí gente.

Cazador II   Aquí, que el fiero monstruo
nuestra princesa ofende.
Cercad todo este bosque,
echadle los lebreles.

Aquiles   ¿Qué es esto?

(Sale Garbón, pastor.)

Garbón   Señor mío,
huye, si no pretendes
que con tu muerte lloren
los prados y las gentes;
con flechas y con dardos
cercando el bosque vienen
morteros atrevidos
de la princesa y reye.
Asegurar la vida

por este atajo puedes;
¿qué harán, si aquí te matan,
sin ti Quirón y Tetis?

Aquiles

¡Oh estorbos envidiosos
de los mayores bienes,
que en cifras de hermosuras
los cielos comprehenden!
Sabréis quién es Aquiles.
Hermoso Sol que enciendes
un alma hasta hoy de bronce;
si para detenerte
son ruegos poderosos
y, como afirmas, tienes
amor a quien ya llora
el verse de ti ausente,
espérame no más
del tiempo y plazo breve
que tardo en quitar vidas
a los que nos ofenden.
Garbón, sé tú mi Argos,
y mientras mi amor vuelve
a reiterar favores,
guárdame diligente
la prenda que te fío.
¡Ay cielos, si te duermes,
para pagar descuidos
qué pocas vidas tienes!

(Vase.)

Garbón

Par Dios bueno; ¿yo alcaide,
en bosques, de mujeres
que aprenden cantonadas,

si aún no sé guardar bueyes?
Sabrá, señora mía,
que yo he sido sirviente
de Arquillas y Esquilón
un año y cuatro meses.
Hame hecho este muchacho
mastín suyo. ¿Qué quiere?
Par Dios, si se me escurre
que es diabro y me despierne.
Con ella ha de agarrarme
para que no me deje,
seré siquiera un rato
de tal hembra corchete.

Deidamia	¡Ay confusiones mías! Decid, ¿aguardaréle? Mas —¡ay!— que si le aguardo mi honor ofensas teme. Pues ¿qué queréis? ¿Que huya? Mas si en el alma viene al vivo retratado y en ella asiento tiene, ¿quién huye de sí misma que en sí misma no lleve, si alas, también grillos que vuelan y detienen?

(Sale Quirón.)

Quirón	Huye, princesa hermosa, los ímpetus crueles de un mozo ocasionado de amor y de años verdes. No aguardes cortesías

de quien a nadie teme,
que pocas coyunturas
de amor fueron corteses.
Cebado en matar hombres,
lugar y tiempo ofrece
para que al rey, tu padre
y mi señor, te lleve.
Aquí tengo un caballo
que a los del Sol excede
y lleva pies de plumas
con que ligera vueles.
¿Qué aguardas?

Deidamia   ¡Ay Amor!
¡Ay honra! Indiferente
estoy entre vosotros;
pero si la honra vence
donde el valor se estima,
perdone amor aleve,
que jura hasta que goza
y goza hasta que miente.

(Vanse los dos.)

Garbón   Señor... ¡A esta otra puerta!
Llevósela; si vuelve
Arquillas y no la halla,
¿que hará Garbón probete?
El diabro que le aguarde,
mas hétele a do viene;
aquí hay un alcornoque,
su hueco ha de esconderme.
No tengo, si me agarra,
para el primer puñete,

que así despacha tigres
como Garbón molletes.

(Escóndese en el tronco de un árbol. Sale Aquiles.)

Aquiles   Huyeron, y sin seguillos
                          solo he querido espantallos,
                          que son de mi bien vasallos
                          y no es justo perseguillos.
                          Después que amo, traigo grillos,
                          sino es para aquí, en los pies;
                          aquesta mi prisión es
                          y aquí me aguarda mi hechizo.
                          Mas —iay cielos!— ¿qué se hizo?

(Asomándose entre las ramas.)

Garbón (Aparte.)   (El alma traigo al revés.
                          Temblando estoy.)

Aquiles   ¿Mi señora?
                          ¿Mi Sol, mi gloria? ¡Ay de mí!

Garbón (Aparte.)   (Par Dios, si me encuentra aquí,
                          que no vivo un cuarto de hora.)

Aquiles   ¡Garbón, Garbón!

Garbón (Aparte.)   (Agora
                          topa conmigo, y si llega,
                          por un pie me agarra y juega
                          a la pelota y me arroja,
                          si por no hablarle se enoja,
                          al cielo, y desde allí a Noruega.

Más vale antes que me toque
hablarle, como que soy
su dama, y por él estoy
convertida en alcornoque.)

Aquiles

Si no queréis que provoque,
deidades, la religión
que os da el mundo sin razón,
volvedme la prenda mía.

Garbón (Aparte.)

(Si a los dioses desafía,
¿qué no hará de vos, Garbón?
Si a injuriar los dioses llega
con tal furor, ¿qué no hará
de quien destilando está,
de puro miedo, pez griega?)

Aquiles

Si mi Sol su luz me niega,
¿dónde irá ciego quien ama?
¡Mi bien, mi gloria!

(Dentro del árbol, disimulando la voz responde Garbón.)

Garbón   ¿Quién llama?

Aquiles   ¡Ay cielos! ¿Quién eres?

Garbón   Fui
quien te adoraba.

Aquiles   ¡Ay de mí!

Garbón

Y ando ya de rama en rama.
Hazte allá, que quien me toca

comete un grave pecado.

Aquiles   ¿Hate algún Dios transformado?

Garbón   ¡Y cómo!

Aquiles   ¿En qué?

Garbón   En alcornoca.

Aquiles   Si Apolo a Dafne provoca
hasta en laurel convertilla,
si Clecie a su luz se humilla
la cabeza vuelta en flor
y Apolo le tuvo amor,
no es nuevo, aunque es maravilla.
¿Amábate Apolo?

Garbón   Sí.

Aquiles   ¿Quísote gozar?

Garbón   También.

Aquiles   ¿Y huiste de él?

Garbón   Con desdén.

Aquiles   ¿Fuéte siguiendo?

Garbón   Hasta aquí.

Aquiles   ¡Que en tal ocasión me fui!
¿Llamaste algún dios?

Garbón	¿Y cómo?
Aquiles	¿Y qué dios era?
Garbón	El dios Momo.
Aquiles	Por sus efectos lo veo;
	mas máteme mi deseo
	si venganza de él no tomo.
	¡Ay Amor siempre cruel!
(Al árbol.)	Mi planta serás divina,
	como de Hércules la encina,
	como de Apolo el laurel.
	Consagraréte como él,
	ya que tuve tales fines.
Garbón	No es bien que en eso imagines.
Aquiles	¿Por qué?
Garbón	Ya está consagrado
	el alcornoque, abogado
	de corchos para chapines.
Aquiles	¿Qué disparates son éstos?
	¿Quién hace burla de mí?
	Desgajaréte, y así
	veré engaños manifiestos.

(Desgaja la mitad del árbol y sale Garbón.)

Garbón	Señor, los hinojos puestos
	tiemblo y te pido perdón.

Aquiles	¿Quién eres?
Garbón	Yo soy Garbón.
Aquiles	¿Qué es de mi princesa bella?
Garbón	Ocupada está, vo a vella.
Aquiles	¿En qué?

Garbón

> Si he de hablar verdad,
> en cierta necesidad
> que él no puede hacer por ella.

Aquiles   ¡Ah traidor!

Garbón   Ea, ya comienza.

Aquiles   ¿Qué es de mi bien, hombre vil?

Garbón

> Fuése a atar un cenogil,
> que tuvo de mí vergüenza.
> No sé si era orillo o trenza;
> pero presto volverá.

Aquiles   ¿Huyó de mi amor?

Garbón

> Verá
> cuál se la traigo.

Aquiles   Detente.

Garbón   Dando estoy diente con diente.

42

Espulgándose estará.
Luego viene, aguarde un poco.

Aquiles   ¿Huyes, villano?

Garbón   Me escurro.

Aquiles   Aguarda.

Garbón   Aguárdele un burro.

(Vase.)

Aquiles   A qué furor me provoco.

(Va tras él, sale al encuentro Tetis y tiénele.)

Tetis   Hijo, detente.

Aquiles   Estoy loco.

Tetis   Ya me ha contado Quirón
la fuerza de tu afición;
por Deidamia estás perdido,
a remediarte he venido.
Fin a tus pesares pon.

Aquiles   ¿Quién es Deidamia?

Tetis   El espejo
en que te miras.

Aquiles   ¿Y adónde
está? ¿Qué es de ella? Responde.

Tetis	Llevóla a su padre viejo, Quirón.
Aquiles	Pagará el consejo muriendo Quirón tirano.

(Llora.)

Tetis	Refrena el enojo vano, que no eres hombre, pues lloras.
Aquiles	Adórola.
Tetis	Si la adoras yo te la pondré en la mano. Disponte tú a obedecerme y dispondréte a alcanzarla.
Aquiles	¿Cómo podrás tu obligarla?
Tetis	Todo es posible.
Aquiles	Ofenderme será, madre, el prometerme cosas que no has de cumplirme.
Tetis	Determínate a seguirme, hijo, y a no replicarme, que tu amor sabrá enseñarme y mi industria prevenirme.
Aquiles	¿Qué me podrás tú mandar, por imposible que sea

que, como a Deidamia vea,
dificulte ejecutar?

Tetis   Tiéneslo de rehusar.

Aquiles   No tengas temor.

Tetis   Si así
lo cumples, vente tras mí.

Aquiles   ¿Qué? ¿A Deidamia alcanzaré?

Tetis   Hijo, sí, y te libraré
de los daños que temí.

Fin de la primera jornada

Jornada segunda

(Salen Aquiles, de dama bizarramente vestida de camino, y Tetis.)

Aquiles   ¡A extrañas cosas me obligas!

Tetis   Transformaciones de amor
dan a los dioses valor.

Aquiles   Es verdad; mas no me digas,
    madre, que no degenero
con aquestos trajes viles
de mi ser. Yo soy Aquiles
con gentil arnés de acero.
    ¿Para la guerra me ensayas
que en Troya Grecia me ofrece?
¿Fama mi valor merece
entre chapines y sayas?
    Afuera pasiones locas,
que con cobardes cautelas
corchos viles por espuelas
y por la celada tocas
    entorpecen mi valor.
¡Vive Dios que he de rompellas,
pues no es bien que infame en ellas
mi opinión un torpe amor!

Tetis   Cuando a Hércules se iguale
el que disfraza tu ser,
y en hábito de mujer
le contemples con Onfale,
    dejarás de estar confuso;
pues no te aconsejo yo
que, si Hércules hiló,

juegues tú a la rueca y huso.
Nunca mucho costó poco,
mucho si amas has de hacer.

Aquiles

¿Yo vestido de mujer
y no me juzgas por loco?
Bien lograré de Quirón
las lecciones y ejercicios
con que, refrenando vicios,
pieles del tigre y león
despedazados por mí
por galas me acomodaba,
y en vez de triunfos me daba
los brazos viéndome así.
¿Qué diría si me viese
de infame mujer vestido?

Tetis

Eso fuera, hijo querido,
cuando Quirón lo entendiese;
mas solo hemos de saberlo,
después del cielo, los dos.

Aquiles

Pues ¿no sabrá que algún dios
en mi afrenta puede verlo?
Esta razón te convenza;
que merece infames nombres
quien se esconde de los hombres
y de Dios no se avergüenza.
Cuanto y más que, aunque pudiera
ser posible el ocultar
de los dioses el obrar
cosa que justa no fuera;
el que en valor se señala
no lo ha de dejar de hacer

porque ellos lo puedan ver,
mas porque es de suyo mala.
   Deidamia y su amor perdone,
que, aunque la adoro, no es justo
que oprima a la honra el gusto
y tal infamia ocasione.
   ¡Vive Dios, que de afrentado
de la vileza presente,
tengo de huír de la gente
y nunca entrar en poblado!
   ¿Yo joyas, sedas y rizos?
¿chapines y tocas yo?

Tetis
   Siempre el amor inventó
galas, disfraces y hechizos;
   mas, pues no quieres usallos,
procura olvidar, si puedes,
a la hija de Licomedes
que, aunque salen sus vasallos
   en su nombre a recibirnos,
y él desea tanto vernos,
fácil nos será volvernos
y de su corte encubrirnos.
   Quien sus pasiones reprime
no tenga amor, pise estrellas;
Deidamia es de las más bellas
que honran su deidad sublime;
   goce Lisandro las glorias
que dejas tú, pues se casa
con ella, y tú el tiempo pasa
en atormentar memorias,
   de puro honrado, homicidas.
Galas lascivas desnuda,
de opinión y traje muda,

asalta las defendidas
  murallas que en Troya empieza
a guarnecer el valor
mientras Lisandro al amor
ejecuta en la belleza
  de Deidamia.

Aquiles   ¿Quién es ése
que a mi dueño ha de gozar?

Tetis   Con quien la quiere casar
su padre.

Aquiles   Eso no, aunque fuese
  pública al mundo la infamia,
de aquestos disfraces viles;
pues solo merece Aquiles
la hermosura de Deidamia.
  Vence, Amor, vuestro poder,
dioses, los que habéis amado.
Aquiles enamorado
se disfrace de mujer.
  No pierda yo mi opinión
con vosotros, que no es nuevo
en Neptuno, Jove y Febo
transformarse. Dioses son
  y hombre Aquiles, que hoy imita
a Júpiter vuelto en toro,
águila, cisne, nube, oro
con que mi amor acredita.
  Celoso estoy, mis desvelos
fuerzan lo que amante dudo,
que lo que el amor no pudo
siempre lo acaban los celos.

50

                    Madre, al rey vamos a hablar
                    y a dar a Lisandro muerte.

Tetis   Lo que te he enseñado advierte.

Aquiles   Solo dificulto andar
                       sobre estos corchos, no quepo
                    en ellos ni se regillos;
                    fueran acerados grillos
                    cadenas, prisiones, cepo,
                       que con hacerlos pedazos
                    quedara libre después;
                    mas con corchos a los pies
                    y con puños en los brazos,
                       terribles cosas me mandas,
                    ique prender puedan a Aquiles
                    corchos y telas sutiles,
                    y en vez de maromas, randas!

Tetis   Todo es fácil a quien ama.
                    Cuando estés en la presencia
                    del rey, haz la reverencia
                    que te he enseñado de dama;
                       vuélvela a ensayar aquí.

(Hace una reverencia de soldado.)

Aquiles   Si la errare no te asombre.

Tetis   Ésa es reverencia de hombre.

Aquiles   Y ésta de mujer. Caí.
(Cáese
de los chapines.)   Juráralo madre yo

que en haciéndome mujer
había luego de caer.
Mas ¿qué es esto?

Tetis
                              El rey salió
de mi venida avisado,
tu dama y competidor.

Aquiles
          Solo esta vez el temor
mi corazón ha usurpado;
          los efectos del vestido
me pegan su liviandad.

Tetis
          Hijo, en la dificultad
tu ciego amor te ha metido;
          ten con las acciones cuenta
que te enseñé.

Aquiles
                              Harélo así.

Tetis
          Si te conocen aquí
caerás en mayor afrenta.
          Mira no eches a perderlo.

Aquiles
          Amor, ayudadme vos,
porque si no, vive Dios,
que habemos de revolverlo.

(Salen Licómedes, viejo; Deidamia, con otro vestido; Briseida, dama; Peloro
y Lisandro.)

Licómedes
          Ya se me cumplió el deseo
que de conocer tenía
a quien, siendo sangre mía,

52

es esposa de Peleo.
Dadme, señora, los brazos.

Tetis
Con ellos el alma os doy,
pues asegurando estoy
en ellos mortales lazos
que mi agravio pronostican,
no hallando en vos, gran señor,
el esperado favor
que mis remedios publican.
Llegad a besar la mano,
Nereida, al rey vuestro tío.

Aquiles
En ella el amparo fío
que ha de hacer mi temor vano;
pues, fuera de ser mujer,
soy, gran señor, deuda vuestra,
y vos espejo en quien muestra
la clemencia su poder.

(Aparte.)
(¿Cuál de aquellos dos será
que Deidamia trae al lado,
el que a mi amor y cuidado,
veneno entre celos da?
Gana tengo, vive Dios,
de dar tras todos.)

Licómedes
Admiro,
de la belleza que miro,
hermosa sobrina, en vos,
de vuestros padres la suerte,
pues que les dió su ventura
en vos toda la hermosura
y en vuestro hermano el más fuerte
héroe que la guerra apoya;

pues, según dice la fama,
su Marte, Grecia le llama,
y destrucción suya Troya.

Aquiles   No quedará vuestra alteza
de esa dicha defraudado,
pues en mi prima ha cifrado
su amor, armas y belleza.
Belleza con que enamora
y armas con que quita vidas,
puesto que por bien perdidas
se den por vos, gran señora.

Deidamia   No sé yo con qué pagar,
prima, tan nuevos favores;
mas salgan por mis fiadores
los brazos que os llego a dar.

Aquiles (Aparte.)   (¡Ay! Quién en ellos pudiera
sosiego eterno tener.)
Deseo de conocer,
princesa, a quien sea espera
dueño de vuestra hermosura.

(Aparte.)   (Causa de mi envidia ha sido
y mi camino.)

Lisandro   Elegido
para tan alta ventura
espero ser, si llamado
soy por el rey, mi señor.

Aquiles   Yo sé cierto opositor,
a quien celos habéis dado,
que podrá ser no consienta

que malogréis su esperanza.

Lisandro   Basta para mi venganza
que él tanto mis dichas sienta;
    que en las victorias de amor
son los triunfos más lustrosos
que tienen más envidiosos;
mas ¿quién es mi opositor?

Aquiles   Yo que basto, y yo que sobro.

(Tetis habla aparte a su hijo.)

Tetis   Hijo: ¿te quieres perder?

Lisandro   Si de mujer a mujer
hay celos, yo no los cobro,
    Nereida hermosa, de vos;
pues antes acrecentáis
el amor que en mí envidiáis.

Aquiles (Aparte.)   (Que esto sufro, ¡vive Dios,
que estoy...)

Tetis (Aparte.)   (Hijo: sé discreto.)

Lisandro   Ya por vos en más me estimo.

Aquiles (Aparte.)   (¡Ay, si los corchos arrimo,
qué mala boda os prometo!)

Lisandro   Descansad, prima querida,
porque quede satisfecho
del favor que me habéis hecho.

¿Sabré de vuestra venida
la causa?

Deidamia (Aparte.)   (La imagen propia
del monstruo hermoso a quien di
el alma retrata en sí
Nereida; basta ser copia
de tan bello original
para adorarla.

Tetis (Aparte.)   (¡Hijo mío!
refrena el gallardo brío
de tu inquieto natural.)

Aquiles (Aparte.)   (Pídeselo tú á los cielos;
que si libre de pasiones,
despedazaba leones
Aquiles, ¿qué hará con celos?)

Lisandro   Peloro: hermosa mujer.

Pelodoro   Por extremo.

Lisandro   Al lado de ella,
si fue Sol Deidamia bella,
sombra suya viene a ser.

(Vanse. Salen Ulises y Diomedes, de camino, y Garbón de soldado gracioso.)

Ulises   En fin, ¿vos fuísteis criado
de Aquiles y de Quirón?

Garbón   De Arquillas y de Esquilón
los bueyes he apacentado;

de quien a nadie teme,
que pocas coyunturas
de amor fueron corteses.
Cebado en matar hombres,
lugar y tiempo ofrece
para que al rey, tu padre
y mi señor, te lleve.
Aquí tengo un caballo
que a los del Sol excede
y lleva pies de plumas
con que ligera vueles.
¿Qué aguardas?

Deidamia   ¡Ay Amor!
¡Ay honra! Indiferente
estoy entre vosotros;
pero si la honra vence
donde el valor se estima,
perdone amor aleve,
que jura hasta que goza
y goza hasta que miente.

(Vanse los dos.)

Garbón   Señor... ¡A esta otra puerta!
Llevósela; si vuelve
Arquillas y no la halla,
¿que hará Garbón probete?
El diabro que le aguarde,
mas hétele a do viene;
aquí hay un alcornoque,
su hueco ha de esconderme.
No tengo, si me agarra,
para el primer puñete,

que así despacha tigres
como Garbón molletes.

(Escóndese en el tronco de un árbol. Sale Aquiles.)

Aquiles   Huyeron, y sin seguillos
solo he querido espantallos,
que son de mi bien vasallos
y no es justo perseguillos.
Después que amo, traigo grillos,
sino es para aquí, en los pies;
aquesta mi prisión es
y aquí me aguarda mi hechizo.
Mas —¡ay cielos!— ¿qué se hizo?

(Asomándose entre las ramas.)

Garbón (Aparte.)   (El alma traigo al revés.
Temblando estoy.)

Aquiles   ¿Mi señora?
¿Mi Sol, mi gloria? ¡Ay de mí!

Garbón (Aparte.)   (Par Dios, si me encuentra aquí,
que no vivo un cuarto de hora.)

Aquiles   ¡Garbón, Garbón!

Garbón (Aparte.)   (Agora
topa conmigo, y si llega,
por un pie me agarra y juega
a la pelota y me arroja,
si por no hablarle se enoja,
al cielo, y desde allí a Noruega.

38

mas como Arquillas se ha ido
y Esquilón llora por él,
yo, que no me hallo sin él,
en busca suya he venido
de soldado, como ve.

Diomedes   ¿Sois valiente?

Garbón   Temerario.
Mi padre fue boticario
de mi pueblo, y le heredé,
  no en tanto bote y redoma
como dejó el pecador,
que eso dio en un acreedor;
mas con su pan se lo coma,
  sin tenerle nadie envidia;
porque tal vez cuando mozo
vi venderle agua del pozo
por de llantea y de endivia;
  y porque no se muriera
un su amigo que enfermó,
dos rábanos le vendió
por raíz de escorzonera.
  No le heredé, en fin, en esto.

Ulises   Pues ¿en qué estribó la herencia?

Garbón   A cabo de la dolencia,
el pie en el estribo puesto,
  antes de expirar me dijo:
«Id a la guerra, Garbón,
ganaréis más opinión
que en este oficio prolijo;
  que no van los boticarios

al cielo, ni yo allá iré;
armas, Garbón, os daré,
que maten vuesos contrarios
mijores que las saetas
que el dios Marte inventó.»
Y luego sacar mandó
estas sartas de recetas,

(Saca debajo del vestido dos sartas de recetas como las de los boticarios.)

diciéndome: «No os asombre
con éstas miedo o fortuna,
que no hay receta aquí alguna
que no haya enterrado su hombre».
¿Cuando empuñe la jineta
tendrá mi valor segundo
si despacho al otro mundo
a troyano por receta?

Diomedes   No decís mal.

Garbón   Voy a buscar
a Arquillas, porque reparta
con él de estas la una sarta,
y ambos podremos matar
troyanos que sea un juicio.

Ulises   Pues ¿sabéis dónde está vos?

Garbón   ¿Si lo sé? Bueno, por Dios,
¿pensáis que vengo de vicio?
¿No andáis los dos a buscarle?

Diomedes   Impórtanos saber de él.

Garbón	Pues yo, que andaba con él esta tarde, pienso hallarle.
Ulises	¿Cómo?
Garbón	Mira, el otro día cazaba por esta sierra la señora de esta tierra, que se llama...
Ulises	Ésa sería Deidamia.
Garbón	Pienso que sí, hija del rey... Nicomedes... Nicenades...
Ulises	Licomedes se llama el que reina aquí.
Garbón	De ésa, pues, se enquillotró nueso Arquillas de manera, viéndola en una ribera, que con ella se emboscó por una alameda oscura. Quiso librarla su gente y el muchacho, que es valiente, acometerlos procura y a mí me encarga el guardarla. Esquilón tiró con ella y a su padre fue a traella. Yo, luego que vi llevarla, metíme en un alcornoque

de miedo de su amador.
Dio conmigo su furor;
mas primero que me toque
    afufélas lindamente,
y entre matas me escondí.
Él, que quiso dar tras mí,
a su madre topó enfrente.

Diomedes   La reina Tetis es ésa.

Garbón   Si la reina Tetas fue,
yo, lo que le habló no sé,
que estaba la mata espesa
    y lejos; pero llevóle
consigo; seguílos yo,
que en fin Arquillas me dio
su pan, y luego vistióle
    de mujer en la espesura;
el para qué, Dios lo sabe,
y vuelta una dama grave
no vi más bella figura.
    Anocheció y acogióse
con él del modo que digo,
y yo, como veis, le sigo,
sospechoso de que cose
    costuras de amor agora
con su dama hecho mujer.
Malicias deben de ser,
que es la malicia pastora;
    mas sea lo que se fuere,
a que me reciba voy
por su dueña, que aunque estoy
tan barbado, quien me viere,
    así, dirá, si es persona,

que es invención pelegrina
que a una dama masculina
sirve una dueña barbona.

(Vase.)

Ulises   Diomedes, este villano
malicioso dio en lo cierto.
Aquiles está encubierto
ciego de un amor liviano.
   El oráculo divino
así lo significó;
el cargo Grecia medió
de buscarle; hoy determino
   de mis astucias valerme
hasta descubrir a Aquiles.
Entre galas femeniles
vela Amor y Marte duerme.

Diomedes   Si no se puede ganar
Troya, como pronostica
Apolo, sin él, aplica
marañas con que sacar
   de tal afrenta al mejor
héroe que conoce Grecia.

Ulises   Puesto que Aquiles desprecia
torpemente su valor,
   Ulises soy, mercader;
he de comprar una joya
que tenga por precio a Troya.

Diomedes   ¡Tal varón en tal mujer!

(Vanse. Salen Aquiles, de mujer y Deidamia.)

Deidamia
Ya, prima, que se partió
vuestra madre, y asegura
en mi corte la hermosura
que, prudente, receló,
en su reino, tendré yo
con vos entretenimiento
que dilate mi contento
y haga sabrosos los días
que en tristes melancolías
me daban antes tormento.

Aquiles
Yo en vuestra conversación,
prima hermosa, transformado,
como hombre, por Dios la he hallado
transformado el corazón.
Perderé la inclinación
que a ejercicios varoniles
tengo, juzgando por viles
los del femenil regalo,
porque en cuanto esto me igualo
y soy lo mismo que Aquiles.
Cuando el parche ronco suene,
el estrado y la almohadilla
por el arnés y la silla
trocar mi valor ordena.
Como Paris robó a Elena
y vio en furor encenderme
mi madre, temió perderme,
y en vos, para asegurarme,
quiso, Princesa, emplearme,
mejor diré suspenderme;
que a no haberos visto a vos,

yo soy hombre...

Deidamia
¿Cómo es eso?

Aquiles
...en el valor que profeso.
Soy hombre...

Deidamia
Bien.

Aquiles
Que a los dos
adúlteros... ¡Vive Dios!...

Deidamia
Pues, ¿juráis siendo mujer?

Ulises
En llegándome a encender
tengo el corazón soldado;
lo jurado sea jurado;
no me pude contener.
Tratemos en otras cosas
más apacibles y blandas.

Deidamia
En labrar sedas y holandas
las mujeres generosas
pasan las horas ociosas.
¿Qué labor hacéis mejor?

Aquiles
Cadeneta, con que amor
me prende, bordo y esmalto,
y también haré punto alto,
si alcanzo vuestro favor.

Deidamia
Lisonjera estáis. ¿Sabéis bordar?

Aquiles
Lienzos de murallas,

de escalas con que asaltallas.

Deidamia

¿A las armas os volvéis?

Aquiles

Como vos no refrenéis
mi bélica condición,
llévame mi inclinación
a los marciales extremos.

Deidamia

¡Extraña cosa! Bordemos
en buena conversación.
Divertiréisos así.
Sacadnos los bastidores.

(Sacan dos bastidores de bordar.)

Aquiles (Aparte.)

(Dos balas fueran mejores;
ya llegó lo que temí.)

(Siéntanse a la labor.)

Deidamia

Sentaos, prima hermosa, aquí.
Lo que el ingenio dibuja,
matice después la aguja.

Aquiles (Aparte.)

(¡Cielos! ¿Hay afrenta igual?
Mejor que aguja y dedal
fuera la lanza en la cuja.)

Deidamia

No os asentáis como dama.

Aquiles

La culpa tienen los pies,
que no se doblan después
que toca parches la fama.

Deidamia	¡Notable mujer!

Aquiles	Quien ama, poco, a la labor se aplica.

Deidamia	Esta banda, es cosa rica, bordadla.

Aquiles	Bordadla vos; que yo no sé, vive Dios, punto, labor ni vainica. Mas, ¿qué esto?

(Salen esgrimiendo con espadas negras un Maestro de esgrima y Lisandro.)

Maestro	De la lanza bien las lecciones sabéis; ahora ensayar podéis lo que en la esgrima se alcanza.

Lisandro	Para cortar una pica rebatiendo el bote así. ¡Oh señoras, rinda aquí las armas que Marte aplica A las de vuestra belleza,

(Suelta la espada negra, y vase el Maestro.)

pues siempre fue vencedor
desnudo y ciego el Amor
[-eza].

Deidamia	Tan bien, Lisandro, parece

en un príncipe la espada,
como la aguja ocupada
en la mujer que ennoblece.
    Ejercitad vos, señor,
las armas y ejercitemos
las nuestras, y cumpliremos
nuestra profesión.

Lisandro   Mejor
    es que goce quien os ama
la ocasión que Amor ofrece.
Guerra la labor parece
no menos digna de fama
    que la que Belona encierra;
en las telas que tejió
Aragnes desafió
a la diosa de la guerra.
    Señal de su semejanza,
de telas la aguja gusta,
y en la tela el valor justa
labrando hazañas la lanza.
    De la celada es retrato
el dedal, y siendo así,
bien puedo aprender aquí
lo que entre las armas trato.
    Labrad vos, que de rodillas
tomaré lección más bien.

(Hinca la rodilla al lado de Deidamia.)

Aquiles   Nunca parecieron bien
espadas entre almohadillas.
    Quitaos, Lisandro, de ahí,
o si no quitaréos yo.

Lisandro	¿No amó Marte a Venus?
Aquiles	No.
Lisandro	Historias dicen que sí.
Aquiles	Dejemos historias ya y tened en más estima las armas.
Deidamia	¿Qué es esto, prima?
Aquiles	Desprecio de ver que está a los pies de un bastidor una espada afeminada; que estimo en más yo una espada que a toda vuestra labor. ¿Vos sois hombre? Por los cielos, que estoy... Dejad ese lado.
Lisandro	¿De esto os habéis alterado?
Aquiles	Tengo razón, tengo celos.

(Sale un Paje.)

Paje	Gran señora, [el rey te llama.]
Deidamia	A ver lo que manda voy; mientras que con él estoy no sentiréis con tal dama mi dilación, prima mía; sustituid vos por mí,

que al momento vuelvo aquí.
Mas mirad que no querría
formar celos de los dos,
que temo vuestra hermosura

(Vanse Deidamia y el Paje. Quédanse, Aquiles labrando y Lisandro hinca la rodilla a su lado.)

Aquiles   Andad, que menos segura
                     estáis de mi prima vos.

Lisandro   Agradecer debo a Apolo,
                     mi Nereida, esta ocasión,
                     pues terciando en mi pasión
                     con vos me ha dejado solo.
                       Antes que vuestra belleza
                     nuestra corte y reino honrase
                     y en ella a vistas sacase
                     milagros naturaleza,
                       amaba a Deidamia yo;
                     mas, en viéndoos, mis deseos
                     mejoraron los empleos
                     del alma que se os rindió.
                       Y si no es que presunciones
                     mi amor loco desvanecen,
                     yo sé que me favorecen,
                     vuestras imaginaciones;
                       pues los celos que mostráis
                     porque amo a Deidamia bella,
                     siendo vos mujer como ella,
                     ¿quién duda que los formáis
                       por quererme bien a mí?
                     Y tan loco de esto estoy,
                     que el alma rendida os doy

olvidando desde aquí
   de la princesa hasta el nombre,
que mis dichas violentaba.

Aquiles (Aparte.)   (¿Esto Aquiles os faltaba?
¿A mí me enamora un hombre?
   A menos que esto vendremos;
basta que debo de ser
hermosa para mujer.
¿Hay amores más blasfemos?)

Lisandro   Queréis, Nereida divina,
admitir mi fe?

Aquiles (Aparte.)   (¡Oh, malhaya
el disfraz e infame saya
que me afrenta y afemina!)

Lisandro   Dadme una mano a besar
y en mi vida os daré celos.

Aquiles   No puedo negarla.

(Dásela, y apriétale y da gritos Lisandro.)

Lisandro   ¡Ay cielos!
Soltad, ¿queréisme matar?

Aquiles   No; mas premiar el cuidado
de vuestro amor.

Lisandro   No apretéis
de esa suerte.

Aquiles	¿Qué queréis?
	Yo siempre quiero apretado.
	Mas para que no seáis
	mudable, cuando mi prima
	por dueño suyo os estima,
	y lecciones aprendáis
	que os den nombre de valiente,
	yo enseño de esta manera.

(Levántase y toma la espada de esgrima, y échale a espaldarazos.)

Lisandro	Señora, señora, espera.
Aquiles	¡Ah cobarde!
Lisandro	Mujer, tente.
Aquiles	Mirad si me sé tener
	de aquesta suerte mejor
	que en corchos.
Lisandro	¡Favor, favor,
	que me mata esta mujer!

(Vase. Sale Deidamia y vuélvese Aquiles a la labor.)

Deidamia	¿Qué es esto? ¿quién está dando
	voces? ¿Quién alborotó
	el palacio, prima?
Aquiles	¿Yo?
	Aquí me he estado bordando.
Deidamia	¿Qué es de Lisandro? ¿Qué has hecho?

70

¿Qué fue?

Aquiles

Que no ha sido nada.
Ahí tomamos la espada
los dos, y no es de provecho
lo que sabe por tu vida.

Deidamia

¿Luego con él reñido has?

Aquiles

Que no, prima; no fue más
de echar una ida y venida.

Deidamia

¿Hay semejante mujer?
Pues ni has de esgrimir.

Aquiles

¿Qué quieres?
También ha habido mujeres
belicosas. Iba a hacer
la naturaleza en mí
un varón, y arrepintióse,
hizo medio hombre y quedóse,
lo que en mí faltaba, así
acabó lo que quedaba
en mujer.

Deidamia

Extraña estás.

Aquiles

Como estaba hecho lo más
y el alma que me animaba
fue varonil, no te asombre
que corresponda a mi ser.
En la cara soy mujer
y en todo esotro soy hombre.

Deidamia	¿Qué dices, prima? ¿Qué es esto?

Aquiles	Que, si me tienes amor, sigas, princesa, mi humor; solas estamos, yo he puesto los ojos en ti de suerte que, como si varón fuera, no sufro que otro te quiera, porque mi vida es quererte. Supón que no soy mujer, sino un hombre que te adora, ama, cela, riñe, llora, podremos entretener el tiempo así, y yo quedar satisfecha en este empleo, que extrañamente deseo saber si sé enamorar. Finge que mi dama eres y yo tu galán.

Deidamia	¡Quimera donosa!

Aquiles	De esta manera se entretienen las mujeres cuando apetecen casarse, engañando el gusto así unas con otras; yo vi muchas damas ensayarse cuando niñas, que amor ciego travesea a todas horas. Los señores y señoras llaman los niños a un juego en que contentos imitan

lo que a sus padres oyeron.
Y en materia de amor vieron,
con que después facilitan
  dificultades mayores
que trae consigo el recato.
Holguémonos así un rato,
que aun de burlas, los amores
  entretienen, prima mía;
si esto me niegas, me enojo.

Deidamia   Alto, cúmplase un antojo
          y acaba con tu porfía.

Aquiles   ¿No tengo yo la apariencia
          para un galán extremada?

Deidamia   A lo menos, retratada
          miro en tu rostro y presencia
            la de un hombre cuya copia
          eres y me hechizó a mí
          no ha mucho.

Aquiles   ¡Oh! Pues siendo así,
          saldrá la fiesta más propia.
            Veamos cómo se ensaya
          nuestro amor y mi ventura.

Deidamia   ¿Yo, en fin, hago la figura
          de dama?

Aquiles   Sí.

Deidamia   Vaya.

Aquiles	Vaya.

(Hace que sale del vestuario.)

	En busca de un alma vengo
	que en un monte me robaron
	dos ojos que saltearon
	tesoros que en ella tengo.
	De sus descuidos me vengo
	si el vengarlos es llorar.

Deidamia	Espera. ¿No has de tornar
	nombre de hombre?

Aquiles	Prima, sí.
	Aquiles soy desde aquí.

Deidamia	Vaya.

Aquiles	Vuelvo a comenzar.
	En busca de un alma vengo
	que en un bosque me robaron
	dos ojos, en quien cifraron
	el Sol que en el alma tengo.
	¡Oh qué albricias os prevengo
	si la vuelvo a hallar, amor!
	Sed vos su descubridor;
	pues siendo la luz efeto
	del fuego, no habrá secreto
	contra vuestro resplandor.

Deidamia	En un bosque, cazadora,
	me dio caza una belleza
	que de la naturaleza,

siendo efecto, es vencedora.
En su ausencia el alma llora,
y huyendo de ella la sigo.
¡Ay doméstico enemigo!
¡Qué mal su remedio prueba
quien huye amando, si lleva
lo mismo que huye consigo!

Aquiles   ¡Prenda mía!

Deidamia   ¡Amado dueño!

Aquiles   No se huelga el que soñó
que sus tesoros perdió
viendo después falso el sueño,
ni cuando restaura el dueño
el primogénito huído,
como yo restituído
al Sol que mis ojos ven,
pues no se conoce el bien
como después de perdido.

Deidamia   No se regocija tanto
el que en el naufragio llora
si ve que el tiempo mejora
y cesa el mortal espanto;
ni el que tras la pena y llanto
goza su gusto cumplido,
como yo, dueño querido,
hoy que mis dichas os ven,
pues no se conoce el bien
como después de perdido.

Aquiles   ¿Que tal merezco escuchar?

Pero claveles que amparan
jazmines que a Amor separan,
¿qué han de brotar sino azahar?
Bien pueden dioses gozar
el néctar que consagrado
su ser ha inmortalizado,
que no iguala al que adquirí,
ni hay tal néctar para mí
como un favor sazonado.

Deidamia   ¡Qué llegó la suerte impía,
después de tantos suspiros
a transformar por oíros
mis penas en alegría!
Bien puede de su ambrosía
gozar Jove regalado,
que aunque inmortal, no ha igualado
al que con vos adquirí,
pues no hay gusto para mí
como un amor sazonado.

Aquiles   ¿Hay tal contraposición
de palabras y favores?
Dioses, envidiad amores
de tan sabrosa sazón.
Labios, gozad la ocasión
de los cristales presentes;
manos, de quien manan fuentes
de eterna felicidad,
mis labios comunicad
y admirarán elocuentes.
     Brazos en que Amor procura
depositar su consuelo,
zodiaco sois del cielo,

ceñid orbes de hermosura.
Lengua que en tal coyuntura
su intérprete el alma os llama,
pedid lenguas a la fama
porque en hipérboles sabios
alma, brazos, lengua y labios
celebren a quien os ama.

(Besa la mano.)   ¡Ay nieve, que helada abrasas!
¡Ay fuego, que ardiendo hielas!
¡Ay mano, en fin, que consuelas
cuando con flechas traspasas!
Por la boca al alma pasas;
y cuando mis penas locas
envidian penas que tocas,
todos mis miembros se holgaran,
porque todos te besaran,
a ser un Argos de bocas.

Deidamia   Paso, prima, que parece
que va esto de veras.

Aquiles   Pues,
¿luego esto de burlas es?

Deidamia   ¿No jugábamos?

Aquiles   Ofrece
Amor, que entre juegos crece,
nuevo fuego a mis quimeras;
de burlas matarme esperas
cuando de mi amor te burlas.
Lleguéme al fuego de burlas
y heme abrasado de veras.
Mas di, prima, ¿te pesara,

	ya que lo más hemos hecho,
	si mi amor te ha satisfecho,
	que en hombre me transformara?

Deidamia   Que estás perdida repara.
¿Eso, cómo puede ser?

Aquiles   ¿Júpiter no puede hacer
que mi ser conforme al nombre?
Tiresias fue primero hombre
y después se vio mujer.
Haz cuenta, pues, que hombre soy

Deidamia   Ésta es cuenta sin provecho.

Aquiles   ¿Te holgaras, di, di?

Deidamia   Sospecho
que en la ocasión en que estoy...
Déjame, prima.

Aquiles   Y si hoy
fuera yo hombre generoso,
¿me admitieras por esposo?

Deidamia   Como padre no tuviera,
o a Lisandro despidiera,
mi amor fuera el venturoso.
Pero ¿de qué ha de servir
desvanecernos en esto?
Ya yo al juego fin he puesto.

Aquiles   Y yo tirano al vivir.
En fin, ¿piensas admitir

a Lisandro?

Deidamia   Si los cielos
quieren premiar sus desvelos,
¿qué he de hacer?

Aquiles   Pues oye ahora,
verás que como enamora
sabe Aquiles pedir celos.
  No creyera yo, a latir
de tan generoso pecho
y tan divina hermosura,
que las mudanzas del tiempo
tuvieran jurisdicción
sobre vuestros pensamientos,
hoy mudables y olvidados,
ayer amantes y tiernos.
Yo soy hermana de Aquiles,
y Aquiles es a quien dieron
en un monte vuestros ojos
vida y muerte en un sujeto.
Contado me ha los amores
que en una fuente pudieron
retratar en vuestra cara
engaños y fingimientos;
retratos en agua, en fin,
mudable y común espejo,
que cuantos llegan imita
en aire, acciones y cuerpo,
y en apartándose de ella
desaparece en el viento
la imagen representada
con todos lo mismo haciendo.
Llega el hombre, el ave, el bruto,

y con líquidos reflejos
los imita sin saber
distinguir merecimientos;
fuente es vuestra voluntad,
pues con los mismos efectos
sin hacer distinción ama,
imita y olvida luego.
Llegó mi hermano a adoraros,
vióse en vuestros ojos bellos
retratado y admitido,
¿quién creyera que tan presto
como se ausentó borraran
olvidos, en vos ligeros,
copias que amor ingenioso
creyó eternizar con fuego?
No hacéis honrosa elección
—porque el agua os presta ejemplos—
entre Lisandro y Aquiles;
siendo éste un héroe no quiero
loárosle, que en fin es
mi hermano, aunque compitiendo
se permite el alabanza
que alegue de su derecho;
díganlo las fieras mismas
que tantas veces sirvieron
a sus brazos de despojos,
a su valor de trofeos.
Díganlo las inclemencias
de un monte, pues no pudieron
defraudar a su hermosura
milagros que admira el cielo.
Díganlo los dioses mismos,
pues, encerrado en desiertos,
a sus oráculos hacen

de su valor pregoneros.
Díganlo sabios y reyes
y hasta el injuriado griego
que, sin más en su favor
que en el que de tantos reinos
vienen a vengar su agravio,
pues sin Aquiles es cierto
que no ha de ganarse Troya,
según vaticina Delfos.
Dilo tú misma, que absorta,
en medio de un bosque espeso,
la caza hiperbolizaste
de quien ya haces menosprecio
por Lisandro, por un hombre
en quien, indigno de serlo,
sacó una espada de esgrima
a vistas su infamia y miedo;
huyendo le eché de aquí.
Mira en que defensa has puesto
tu honra. Si como a Elena
te roba Paris, soberbio,
dirás que obedeces gustos
de tu padre, rey severo,
cuyo natural dominio
te violenta a su respeto;
pero engáñaste, Deidamia,
que solo engendran los cuerpos
los padres, las almas no,
que Dios las infunde en ellos,
y no siendo el hombre causa
del alma, pues no es su efecto,
no tiene jurisdicción
sobre ella, si no es el cielo.
Amor de la voluntad

es acto, cuando es perfecto;
la voluntad es potencia
del alma, que es su sujeto.
El padre no engendra al alma,
pues la crían dioses, luego
fuera estará del dominio
de tu padre; y según esto,
no tienes obligación
de sujetar a decretos
humanos lo que al divino
pertenece de derecho.
Di tú que la ingratitud
e inconstancia de tu pecho;
el ser mujer semejanza
del humo, la sombra, el viento,
te han inclinado a Lisandro,
y por parecerte a Venus,
afeminados Adonis
amas, no Martes de acero.
Que siendo así, si a mi Aquiles
no dan la muerte sus celos,
pues he venido a tu corte
por dar a su amor remedio,
él es tal y tal amante,
que antes que lloren incendios
los troyanos robadores
asolará aqueste reino,
dará la muerte a tu padre,
pondrá a sus presidios fuego,
vestirá de tocas viles
a su opositor molesto.
Y yo, que en fin soy su hermana,
y ya como propias siento
injurias de tus olvidos,

pues obligarte no puedo,
ministros de mi venganza
hará el agua, el aire, el fuego,
tierra, brutos, peces, aves,
montes, prados, selvas, cielos,
que a todos los injuria tu desprecio,
pues aborreces lo que adoran ellos.

(Vase.)

Deidamia   Oye, prima, escucha, aguarda.
Piadosos dioses, ¿qué es esto?
¿Son estas veras o burlas?
¿Es esto verdad o juego?
Juego no, que es muy pesado;
verdad sí, que ha descubierto
amores que solos sabe
el monstruo elocuente y bello.
Si fue Aquiles; si es su hermana
la que por tantos rodeos
segunda vez ha encendido
amores ausentes muertos,
¿qué mucho que al uno adore
y a la otra pague el ingenio,
para Aquiles favorable
y para mi amor discreto?
Todo el mundo en su alabanza
se hace lenguas, los supremos
oráculos y los sabios,
pues quien en plazas y templos
en vida está deificado
y solamente sujeto
a mi amor, más poderoso
que todos, pues que le ha preso.

¿Qué mucho que el vencedor
vencido goce trofeos
de un alma que ya le adora,
de un corazón que le ofrezco?
Perdone mi padre el rey
y perdóneme...

(De dentro Aquiles.)

Aquiles   ¡Ay!

Deidamia   ¿Qué es eso?

Aquiles   Tirana: tu ingratitud
pide castigo a los cielos;
tu desdén a Aquiles mata;
más daños tu olvido ha hecho,
pues tal capitán le quitas,
que el torpe Troyano al griego,
                          ...
desdeñado de ti el pecho
donde indignamente vives.

Deidamia   ¿Qué escucho? ¡Nereida! ¡Ay cielos!

Aquiles   Abre esa puerta y verás
espectáculos funestos
de una fe menospreciada.

Deidamia   Triste de mi, si eso es cierto;
mas, ¡válgame Apolo santo!
¿Quién eres, hombre sin seso?
¿Qué desleal te dio ayuda?
¿Por dónde entraste aquí dentro?

(Tira una cortina y halla a Aquiles, de hombre con calzas y jubón bizarro.)

Aquiles   Tu Aquiles soy, prenda cara.

Deidamia   A tan grande atrevimiento
                    castiguen desdén y voces.

Aquiles   Nereida soy, ten sosiego.

Deidamia   Acaba, pues, de aclarar
                    estos confusos misterios,
                    que en sola tu cara miro
                    dos rostros, uno y diversos.
                    ¿Eres Nereida o Aquiles?

Aquiles   Uno y otro, que no quiero
                    con amorosos engaños
                    tener tu temor suspenso.
                    Disculpen llamas de amor
                    disfraces que han encubierto
                    con peligro de mi fama
                    el valor que en tanto tengo;
                    y tú, agradecida y noble,
                    paga servicios y excesos
                    de quien su ser ha negado
                    por dar a su amor sosiego;
                    ¡Vive Dios, si eres ingrata...

Deidamia   No acabes el juramento,
                    que me vences atrevido
                    y que me enamoras tierno.
                    ¿Serás mi esposo?

Aquiles	Y tu esclavo.
Deidamia	Si me olvidas...
Aquiles	¿Cómo puedo?
Deidamia	Mudándote.
Aquiles	Soy Aquiles.
Deidamia	Eres hombre.
Aquiles	Y aun por eso...
Deidamia	Búscate Grecia.
Aquiles	¿Qué importa?
Deidamia	Llevaráte.
Aquiles	No hayas miedo.
Deidamia	Dejarásme.
Aquiles	Es imposible.
Deidamia	Mataréme.
Aquiles	Forma ejemplo.
Deidamia	Promete amor.
Aquiles	Es verdad.

86

Deidamia	Nunca cumple.
Aquiles	El vil hace eso.
Deidamia	Goza y huye.
Aquiles	El mal nacido.
Deidamia	Jura y miente.
Aquiles	El lisonjero.
Deidamia	¿No lo eres tú?
Aquiles	Yo soy noble.
Deidamia	Vendrá Ulises.
Aquiles	Sin efecto.
Deidamia	Hallaráte.
Aquiles	No podrá.
Deidamia	¿Dónde estarás?
Aquiles	Encubierto.
Deidamia	¿Como hasta aquí?
Aquiles	Sí, mi bien.
Deidamia	¿Qué tanto?

Aquiles	Mide tú el tiempo.
Deidamia	Mientras durare...
Aquiles	Mi vida.
Deidamia	No, esta guerra.
Aquiles	Yo lo acepto.
Deidamia	Largo plazo.
Aquiles	Por ti es corto.
Deidamia	Jura.
Aquiles	Por tus ojos bellos.
Deidamia	¡Ay perjuro!
Aquiles	¡Ay gloria mía!
Deidamia	Tu esposa soy.
Aquiles	Di, mi cielo.

(Danse las manos.)

Deidamia	Perdone el rey, que por Aquiles dejo a Lisandro.
Aquiles	¡Ay mi bien!
Deidamia	¡Ay dulce dueño!

Fin de la segunda jornada

Jornada tercera

(Salen Licómedes y Lisandro.)

Licómedes	¿Con tantas quejas y prisa ayer, viendo que no os doy, Lisandro, a Deidamia, y hoy, con voluntad tan remisa me proponéis dilaciones de tan flaco entendimiento para vuestro casamiento?

Lisandro	La princesa da ocasiones,
	   gran señor, para pediros
	que esta boda se dilate;
	no quiera el cielo que trate
	a costa de sus suspiros
	   cosa de que ella no gusta.
	Despúes que a esta corte vino
	Nereida, a lo que imagino,
	mi presencia le disgusta.
	   Tibia me habla; no responde
	con el amor y deseo
	que antes; cuando la veo,
	por no encontrarme, se esconde.
	   Todo su entretenimiento
	es estar sola con ella,
	y con la misma querella
	que yo, muestran sentimiento.
	   Sus damas, pues, no hace caso,
	por Nereida, de ninguna;
	la más sabia es importuna;
	la más amiga, ni un paso
	   con ella ha de dar que luego

Nereida no se lo impida;
llámala su bien, su vida;
si no la ve no hay sosiego;
  ella la viste, la toca,
la adorna, peina y regala
en el estrado, en la sala;
por manos, ojos y boca,
  muestra el corazón la llama
en que Deidamia está presa,
su lado ocupa en la mesa,
su lado usurpa en la cama.
  Siempre abrazadas, por Dios,
que me atormenta el recelo
de verlas, sin ser del cielo,
hechas Géminis las dos.

Licómedes
  Es la princesa su prima;
la sangre y la discreción
vínculos del amor son
que más la amistad estima.
  Necia sospecha os abrasa.

Lisandro
Necia o loca debe ser;
mas de mujer a mujer
muchas veces amor pasa
  de parentesco a...

Licómedes
                                  Callad.

Lisandro
Yo sé algunas ha habido,
gran señor, que se han querido
a lo malicioso.

Licómedes
                              Andad,

que lo estáis vos; preveníos,
que os tiene de dar la mano
mañana.

Lisandro (Aparte.) (¡Ay Amor tirano!
autor sois de desvaríos;
  por Nereida pierdo el seso
y de la princesa estoy
celoso; un sujeto soy
de disparates.)

Licómedes ¿Qué es eso?

(Salen Ulises y Diomedes de mercaderes.)

Ulises Yo, poderoso señor,
soy un griego mercader,
que, sin mucho encarecer
de mi caudal el valor,
  tengo dentro de mi casa
cuanto apetece la gente,
pues no hay tesoro en oriente
que a mi poder no se pasa.
  No tiene púrpuras Tiro,
ni exhala aromas Sabá,
ni telas la Persia da
que en mis riquezas no miro.
  Toda el Asia me tributa:
las minas con sus diamantes,
con marfil sus elefantes,
y el ámbar, que se disputa
  si es sudor de la ballena
o de alguna planta goma,
con ser el mayor aroma,

mi casa cada año llena.
    En fin, cuanta perla fina
en sus pesquerías dan
las riberas de Ceylán,
y cuanta piedra examina
    la experiencia y el valor
que sus quilates sublima,
no se tiene por de estima
no siendo yo su señor.
    Como el mundo se alborota
con esta guerra que abrasa,
a Grecia y Europa pasa
contra el Asia, la paz rota
    que tantos años duró,
huír su rigor procuro,
que con Marte no hay seguro
mercader, ni lo estoy yo.
    Supe que este rey, no solo
estaba libre y exento
del general juramento
que sobre altares de Apolo
    hizo Grecia, de vengar
la injuria del frigio amante,
la seguridad bastante
que en vuestra alteza he de hallar,
    pues por el mundo la fama
vuela del rey Licomedes,
sus favores y mercedes
que a los extranjeros llama;
    y así, embarcando mi hacienda,
siendo vuestro amor mi norte,
vengo a ser en vuestra corte
vecino, a fin que pretenda
    otra ganancia mayor

de la que en serviros muestro,
pues siendo vasallo vuestro,
lo soy todo, gran señor.

Licómedes   A ocasión habéis venido
en que fuera de estimar
el que os vengáis a amparar
de mí; seréis recibido
    con gusto, porque se casa
la princesa, y le tendré,
que vuestra riqueza dé
nuevas joyas a mi casa;
    muchas os pienso comprar.

Ulises   Serviráse vuestra alteza
de las de mayor riqueza;
y entre otras le quiero dar
    una cautiva que canta
como un ángel, tan hermosa
como diestra.

Licómedes   Bella cosa.

Diomedes   En cara y en voz encanta.

Licómedes   Gustará Deidamia mucho
con ella, que es inclinada
a la música.

Ulises   Elevada
tengo el alma si la escucho,
    y entre tanto que a palacio
las joyas de más valor
y curiosidad, señor,

me traen, quiero que despacio,
oyéndola vuestra alteza,
juzgue si es merecedora
de que sirva a mi señora
la princesa.

Lisandro   En esta pieza
                 queda Deidamia.

Licómedes   Primero
que la vea gustaré
que la oiga.

Ulises (Aparte.)   (Hoy, cielos, sabré
industrioso lo que espero.
                 Traednos vos la cautiva.)

Diomedes (Aparte.)   (Si como dicen está
aquí Aquiles, hoy saldrá
de donde no es bien que viva
            tal valor afeminado.)

Licómedes   Aquí viviréis seguro.
¿Cómo os llamáis?

Ulises   Palinuro

Licómedes   Entrad.

Ulises (Aparte.)   (Bien lo hemos trazado.)

(Vanse. Salen Aquiles, de mujer, y Deidamia.)

Deidamia   ¡Sosiégate, por tus ojos!

Aquiles	Dame en ellos pesadumbre
	de que su luz bella alumbre
	a quien a mí me da enojos.
	¿Por qué con vanos antojos
	tiene de mirarse en ellos
	Lisandro, si poseellos
	solo Aquiles mereció,
	y estando con vida yo
	se ha de llamar dueño de ellos?
Deidamia	Si Amor reciprocación
	de las almas nos ha unido
	y estás ya dueño querido
	en la quieta posesión,
	¿qué importa que en pretensión
	te quiera hacer competencia
	quien provoca tu impaciencia?
	Pleitee perdidos bienes
	y goza tú, pues que tienes
	en tu favor la sentencia.
	¡Ojalá yo no tuviera
	más ocasión de temer
	que te tengo de perder
	y más segura viviera!
Aquiles	Pues ¿de qué temes?
Deidamia	Te espera
	Grecia contra Troya armada,
	y mientras es deseada
	la belleza, belleza es;
	mas no es belleza después
	que se goza, pues enfada.

Aquiles	Eso, cuando el apetito
	satisfecho queda en calma;
	no amor, potencia del alma,
	que ese crece en infinito.
	Amarte más solicito
	cuanto más llego a gozar,
	pues si es amor desear
	sin que del término exceda,
	cuanto más gozo me queda
	en ti mucho más que amar.
	Ya yo, mi bien, te he jurado,
	mientras durare esta guerra,
	guardar la prisión que encierra
	la gloria que amor me ha dado;
	si de mujer disfrazado
	vengo esposa a poseer
	lo que de hombre he de perder,
	mujer mi dicha me nombre,
	pues nunca he sido más hombre
	que después que soy mujer.

Deidamia	Pues si intentas parecello
	y mi pena asegurar,
	siéntate aquí, que peinar
	quiero tu hermoso cabello.

(Siéntanse y peina y toca Deidamia a Aquiles.)

| Aquiles | Tu amor oprime mi cuello; |
| | obedecerte es forzoso. |

| Deidamia | ¡Qué dilatado y hermoso! |

98

| Aquiles | Los griegos siempre criaron |
| | largos cabellos. |

Deidamia	Causaron
	con tal uso mi reposo,
	pues si tú no los tuvieras
	así, nunca me engañaras,
	ni mujer ocasionaras
	tus amorosas quimeras.

Aquiles   Pararon burlas en veras.

Deidamia   Porque sueltos no me den
celos y a cuantos los ven
en tales lazos no venzas,
de ellos he de hacer dos trenzas,
que yo sé que te están bien.
    Pon en mi falda el espejo
y mira en él los despojos
de tu cara.

Aquiles   Si en tus ojos
puedo verme, mal consejo
me das, por sus soles dejo
esa Luna en que fingida
mi imagen miro esculpida,
pues en ti vive en su centro
mi amor.

Deidamia   Cantando están dentro.

(Canta dentro una Mujer.)

Aquiles   Oye, amores, por tu vida.

(Cantan.)

Voz

En el regazo de Omfale
el Tebano vencedor
de aquellos doce trabajos
que le intitularon Dios,
afeminado infamaba
la piel del Nemeo león,
que por imperial trofeo
corona y se viste el Sol.
La rueca en vez de la clava
que a Mercurio consagró,
poblada de infame lino
que hilaba torpe amador,
en traje vil de mujer
dicen que le halló Jason,
noble por su vellocino,
y de esta suerte le habló.

Aquiles

¡Qué enfadoso y triste tono!

Deidamia

¡Qué claro metal de voz!

Aquiles

Para mi voz de metal es,
pues me incita a furor.
¿No ves cómo reprehende
mi amujerado valor,
y en nombre ajeno me injuria
su tácita reprensión?

Deidamia

Anda, amores, que no es eso.

Aquiles

Pues ¿quién es la que cantó?

Deidamia	Alguna de mis doncellas que estará haciendo labor; sosiégate, no te alteres, que no en balde digo yo, mi bien, que para dejarme buscas cualquiera ocasión. ¿Negarásme esta verdad?
Aquiles	Para dejarte, eso no; más para enojarme, sí.
Deidamia	Para tenerte en prisión he tejido yo estas trenzas.
Aquiles	Si por un cabello estoy preso, esposa, en tu hermosura, los demás supérfluos son.
Deidamia	Ya he acabado de tocarte oigamos, mi bien, los dos, lo que cantando prosigue que me causa admiración.

(Échase Aquiles en las faldas de Deidamia y ella con el peine le pule los cabellos. Canta dentro.)

Voz	¿De qué sirvieron los triunfos del triforme Gerión, del aborto de la tierra, del vaquero robador; si hazañas eternizando después de tanto blasón, en cobrando buena fama

a dormir os echáis hoy?
Júpiter es vuestro padre;
pero no sois su hijo vos,
pues degenera de serlo,
vuelto hombre vil, tal varón.
Peinad cabellos lascivos
que encrespados miré yo
asombrar la esfera eterna
que vuestro hombro sustentó.

Aquiles   Ya no se puede sufrir
tanta afrenta, vive Dios,
que por mí lo dice todo,
viendo que sufriendo estoy
el vil peine en mis cabellos.
¡Afuera torpe afición;
vengad injurias cantadas
y volved, honra, por vos!

Deidamia   Mi bien, ¿quieres sosegarte?
¿En eso estimas mi honor?
¿En eso tus juramentos?
¡Cielos, perjuro salió!
Aquiles, cielos, Aquiles,
de Deidamia violador,
rompe la fe que me ha dado.
¡Mirad que satisfacción!

Aquiles   No des voces, prenda mía.

Deidamia   Voces y querellas doy
al cielo de ti ofendido
a tu rota obligación;
yo, ingrato, me daré muerte

a tus mismos ojos, yo...

Aquiles   Basta, no haya más, no llores;
preso en tus brazos estoy
cante o no cante en mi ofensa
quien mi pecho alborotó.
Hércules hiló vestido
de mujer, mas no perdió
por eso la eterna fama
que le da nombre de dios,
ni yo perderé la mía
si, como su imagen soy
en el ánima y esfuerzo,
lo intento ser en su amor,
pues los dioses autorizan
mi amante transformación.

(Canta.)

Voz   No se ganan los blasones
que de eterna fama son,
entre afrentosos afeites
que la sangre es su color.
Echado en la áspera falda
de un monte, durmiendo os vio
despedazar entre sueños
los tigres vuestro valor,
mas no en las de una mujer
qué nunca se levantó
de tan torpe y blanda cama,
si no es enfermo el honor.
Al arma toca Marte, al arma Amor;
el uno es apetito, el otro dios.
Al arma toca Marte, guerra, guerra,

lo que el valor infama, el valor venza.

(Tocan cajas y trompetas.)

Deidamia   Mi bien, espera, aguarda,
                que sale el ley.

Aquiles   ¿No ves que toca al arma?

Deidamia   Sosiega que es fingido.

Aquiles   Torpe afrenta,
                lo que el amor infama, el valor venza.

Deidamia   ¿No te quieres sosegar?

Aquiles   ¡Ay, cielos! ¿En dónde estoy?

Deidamia   Conmigo. Tu esposa soy.

Aquiles   Déjame, amores, llevar
                del ímpetu belicoso
                de la música.

Deidamia   ¡Maldiga
                el cielo la voz que obliga
                a perturbar mi reposo!
                Asegura mis temores
                que viene el rey, ¡ay de mi!

Aquiles (Aparte.)   (¿Cuándo saldremos de aquí,
                traje vil, torpes temores?)

(Salen Licómedes y Lisandro.)

Licómedes	Notable voz.
Lisandro	Peregrina.
Licómedes	Hija, de industria he querido que hayas la música oído sin verla. Hermosa sobrina, una esclava os he feriado, cuya suave destreza suspenda vuestra belleza.
Aquiles	Las dos la hemos escuchado. y es digna de tal señor.

(Sale Diomedes.)

Diomedes (Sale Ulises.)	Ya están las joyas aquí, que mandas traer.
Ulises (Aparte.)	(Salí con astucias vencedor de engaños y de disfraces. La turbación de la cara de aquella mujer declara que, entre afeminadas paces, encubre lo que pretendo. El pecho le alborotó el bélico son que oyó; toda el alma le estoy viendo.) Gran señor, con tu licencia intenta ser liberal esta tarde mi caudal, pues estando en la presencia

de estas bellezas, no es justo
dejar de reconocer
con tributos su poder.
Elija paños el gusto
de la princesa y sus damas,
que esta tienda a saco doy.

(Descorre una cortina y descúbrese una tienda de joyería con mucha riqueza,
y a un lado un espejo grande, una rodela de acero y una lanza.)

Licómedes   Agradecido os estoy;
plumas dais a muchas famas.
Feriad joyas, hija mía;
sobrina, joyas tomad,
que el valor y cantidad
pagaré yo.

Ulises   No sería
dar, señor, las ferias yo,
sino avariento vendellas.
Vuestras son el dueño y ellas;
dadas, sí; vendidas, no.

Deidamia   Alto, pues, yo quiero hacer
principio. Esta banda tomo,
este anillo y este pomo.
Prima, ¿dónde vas?

Aquiles   A ver,
para verme en este espejo.

(Mirase en el espejo, y afréntase de verse mujer.)

Deidamia   No te enamores de ti.

106

Aquiles (Aparte.)   (¡Ay, cielos, mi imagen vi
afrentada a su reflejo!
    ¡Qué bien mi infamia declara!
Aquiles torpe, ¿qué hará
todo el mundo cuando os da
un cristal con él la cara?
    ¡Oh, quién pudiera arrancaros,
rizos infames, sin ser
conocido! No oso ver
en desengaños tan claros
    mi vileza; una rodela
es aquélla y una lanza.)

Ulises (Aparte.)   (Salió cierta mi esperanza,
venció mi sutil cautela.)
    Éste es Aquiles, Diomedes,
de haberse visto en tal traje
se afrenta.

Aquiles   ¿Con tal ultraje,
blando amor, vencerme puedes?

(Embraza la rodela y vibra la lanza.)

    Ésta sí que es digna joya
del valor de que estoy falto.
¡Toca al asalto, al asalto!

(Tocan a guerra dentro cajas y clarines. Aquiles detrás todos.)

Unos   ¡Viva Grecia!

Otros   ¡Muera Troya!

Aquiles	¡Muera Troya y Grecia viva!
	Aquiles soy, ¿qué teméis?
	La victoria alcanzaréis.
	¡Al asalto, arriba, arriba!
Licómedes	¿Qué es esto mujer? Detente,
	perdió el seso.
Lisandro	Muerto soy.

(Vase.)

Deidamia	Perdí todo mi bien hoy.
	¿Qué has hecho esposo imprudente?

(Huyen todos. Vuelven a salir Licómedes y Ulises.)

Licómedes	Mujer loca, vuelve en ti.
Ulises	No es mujer, aunque merece
	del traje que le envilece,
	que le intitulen así.
	A Aquiles encubre aquí
	el disfraz de un torpe amor;
	mira el daño, gran señor,
	que a Grecia toda resulta,
	mientras con tocas oculta
	su victoria tu favor.
Licómedes	¿Qué dices?
Ulises	Que el cielo saca
	de entre tímidas mujeres

a Aquiles.

Licómedes   Y tú, ¿quién eres?

Ulises   Ulises soy, rey de Itaca.

Licómedes   ¿Hay mayor traición?

Ulises   Aplaca
el justo enojo.

Licómedes   Matad
ese traidor.

Ulises   La beldad
de la princesa ha podido
tener el héroe escondido
más fuerte de nuestra edad.

(Salen Aquiles vestido de hombre, la espada desnuda y la rodela, tendidos los cabellos; Deidamia y Diomedes.)

Aquiles   ¿Quién ha de matarme a mí?
Deidamia es esposa mía,
el que estorbarlo porfía
salga al campo si está en sí.
Ya con el traje rompí
prisiones del amor tierno;
tu yerno soy, juzga eterno
el blasón de tu valor,
pues no puede ser mayor
que tenerme a mí por yerno.

Ulises   Ni más ilustre renombre

que el que hoy mi industria ha adquirido
pues hoy te ha restituído
a tu primero ser de hombre.
Ulises soy, no te asombre
que a engaños venzan engaños;
restaura pasados daños,
mancebo ilustre, y no ocultes
tus hazañas ni sepultes
las primicias de tus años.
   ¿Será razón que consumas
en regalos de Cupido
de tu edad lo más florido
y ganar fama presumas?
Ya corta la infamia plumas
con que escriba a tu memoria
satírica y torpe historia,
y en los brazos de Deidamia
eternizando tu infamia
ciegue el camino a tu gloria.
   Grecia te aguarda, mancebo,
y en ti funda su esperanza;
profética es la venganza
que en ti nos promete Febo.
Como el águila te pruebo
a los rayos de la fama
que contra Troya te llama.
Afréntete aquí escondido,
Héctor de acero vestido
y tú de cobarde dama.
   El troyano robador
desde los muros responde
que el temor es quien te esconde
en vil mujer, no el amor.
Pues ¿será bien que el temor

blasone que te ha encerrado
cobarde y afeminado
entre basquiñas y galas,
por plazas de armas las salas,
por el caballo el estrado,
   por los penachos las tocas,
por los muros los tapices,
que delicado matices
seda que lascivo tocas?
Todo el mundo se hace bocas
contra ti.

Aquiles   No digas más,
que si así en cara me das
con infamia ya tan clara,
te ha de salir a la cara
y no sé si vivirás.
   Ya con el infame traje
los afectos desnudé
del torpe amor. Ya olvidé
de amor el blando lenguaje.
Yo satisfaré mi ultraje
de mi valor represado,
cual río que violentado
estrecha canal encierra:
guárdese de mí la tierra,
pues las presas han quebrado.
   Inundará mi furor a Troya,
no en agua, en fuego,
vengaré el agravio griego;
Héctor sabrá mi valor.
¡Afuera liviano Amor;
afuera prisión prolija,
Belona trofeos me erija,

y tú, rey, guarda el decoro
a la princesa que adoro
como a mi esposa y tu hija!

(Vanse.)

Licómedes   Si Aquiles me ha de dar nietos
de eterna fama, ya estoy
satisfecho.

Deidamia   A llorar voy,
mudanzas, vuestros efetos.
Rompió disfraz y secretos
el artificio y engaño:
¡Ay costoso desengaño,
nunca el Asia a Troya viera,
porque nunca padeciera
ella el castigo y yo el daño!

(Vanse. Salen Nisiro y Peloro, soldados, y Garbón, sin armas, graciosamente vestido.)

Pelodoro   En fin, para nuestra guerra,
¿te alistaste por soldado?

Garbón   En mi vida fui quebrado,
ciclán sí; nací en la tierra,
que engendra, por ser tan fría
de cuando en cuando capones.

Nisiro   ¿Qué armas o municiones
traes, pues?

Garbón   ¡Gentil bobería!

112

Armado de aqueste modo
salga un gigante al encuentro.

Pelodoro   ¿Pues qué armas llevas?

Garbón   Van dentro
y son contra el mundo todo.
    Contra enemigo casero,
mujer que gruñendo abrasa
son armas, en yendo a casa,
entrar riñendo primero.
    Contra celos, si excusarlos
no puede ser, por no oírlos,
traigo armas de no pedirlos,
que es dar licencia de darlos.
    Contra una suegra emperrada
doy cuñada a mi mujer,
porque tengan siempre que her
la suegra con la cuñada.
    Contra el amor tengo ausencia;
contra desvergüenza, un palo;
contra flaqueza, regalo;
contra la muerte, paciencia.
    Contra la pobreza, maña,
que la industria siempre medra;
a un testimonio, una piedra;
a un «vos mentís», una caña;
    a la ambición, paja y heno;
a la pretensión, espuelas;
dos trampas a dos cautelas;
a la prosperidad, freno;
    a amigo que pide, digo:
«Daros quiero y no emprestar.
por no perder al cobrar

la deuda con el amigo.»
    Y por ahorrar de contienda,
sino el amigo el deudor,
sobre prendas doy mejor
cuando más vale la prenda.
    Guardar dineros ajenos
es en mí cosa vedada,
porque dinero y cebada
a más contar se halla menos.
    Contra injurias tengo olvido,
solo no he podido hallar
armas que puedan bastar
contra un necio presumido.
    Aunque huir su menosprecio
diz que es remedio gallardo,
y así las espaldas guardo
para la guerra y el necio.

Nisiro   Bien armado está el modorro.

Garbón   Con esto quito ocasiones;
                        que entre espadas y picones
                        cuando no corro, me corro.

(Salen Tebandro, soldados y Deidamia, de hombre.)

Deidamia   Esto es hecho, ya yo estoy
                        en el griego campo; excusa
                        persuasiones.

Tebandro   De ellas usa
                        la fe con que te las doy;
                        que no sé si ha de llevar
                        bien tu esposo el verte aquí.

Deidamia	¿Hame llevado tras sí el alma y no se ha de holgar que el cuerpo sus pasos siga?
Tebandro	Primero que él has llegado.
Deidamia	Celos las alas me han dado, vuela Amor, la ausencia instiga. Todo deseo es ligero y toda ausencia pesada.
Tebandro	Entre tanta gente armada, tanta lanza, tanto acero, ¿cómo has de hallarte?

Deidamia	Mejor
	que entre escuadras de desvelos,
	entre ejércitos de celos
	y entre muros de temor.
	   No tendré yo gusto igual
	si a Aquiles mis ojos ven;
	que en presencia, el mal es bien,
	y en ausencia el bien es mal.
	   ¡Bravos muros!

Tebandro	Son de Troya, a quien el Asia obedece.
Deidamia	¡Brava gente los guarnece!
Tebandro	La honra es la mejor joya, todos compiten por ella en el campo y la muralla,

los unos por restauralla,
los otros por defendella.
  Treguas gozan por diez días
los dos campos enemigos.

Deidamia

En ellas serán testigos
de galas y bizarrías,
  que saca la ostentación
para recibir mi esposo.

Tebandro

Con su venida orgulloso
está el griego.

Deidamia

                    Y con razón.

Tebandro

  Y el troyano, con mayor
ánimo, a lo que parece,
que en el noble pecho crece
a más riesgo más valor.

Deidamia

  Escucha, que llega ya
al campo el esposo mío.

Tebandro

Majestuoso señorío,
miedo y gusto a un tiempo da.

Deidamia

  Y las troyanas murallas
están de hermosuras llenas.

Tebandro

Si son damas sus almenas
suba amor a conquistallas.

Deidamia

  En fe de las treguas gozan
la paz que el derecho encierra.

Tebandro	¿Treguas dices? Llama guerra bellezas que almas destrozan.
Deidamia	Lleguémonos a esta parte, verémosle entrar mejor.
Tebandro	Con tal guarnición, Amor, no asaltará Troya a Marte.

(Música de chirimías. Salen a los muros Policena y Casandra, y otras damas muy bizarras.)

Policena	¡Qué gallarda ostentación, si no fuera de enemigos!
Casandra	El valor no desmerece por esta causa, si es digno de alabanza.
Policena	Ni yo quiero disminuirle, aunque envidio a los contrarios la gloria que con él se han prometido.
Casandra	Si es cierto lo que encarecen oráculos y adivinos, a Troya ha de conquistar.
Policena	¡Qué soñados desatinos! A Hércules le comparan elogios ponderativos; mas no es tan fuerte el león como le pintan.

Casandra	Vestido
	de mujer, dice la fama,
	que Ulises le halló, y colijo
	por la causa los efectos
	de este ensalzado prodigio.

Policena	Si amor, absoluto en todo,
	y no el temor, como he oído,
	le disfrazó, no me espanto
	que es invencible, aunque niño.

(Salen con cajas y trompetas marchando, Ulises, un Paje de jineta y otro con una celada en una fuente, y Aquiles armado con sombrero y bastón, todo, muy bizarros y Garbón.)

Casandra	Él tiene bizarro talle,
	si al cuerpo conforma el brío
	que muestra, dichosa Troya
	a tenerle por caudillo.

Policena	No nos hace Aquiles falta
	mientras Héctor esté vivo;
	puesto que tras sí me lleva
	el alma con el sentido.

Garbón	¡Oh, Arquillas de mis entrañas,
	no quepo de regocijo
	por ambos dos carcañales
	en somo de mis hocicos!
	Garbón soy, ¿no me conoces?

Aquiles	¡Oh, Garbón!

Garbón	Fui vaquerizo;
	mas dejélo por la guerra;
	busquéte un mes, y aborrido
	de no hallarte, di en soldado.
Aquiles	Huélgome de haberte visto.
Garbón	Esquilón llora por ti,
	con ser viejo, como un niño.
Aquiles	Téngole en lugar de padre.
Garbón	Bravamente te han vestido.
	¿Dónde compraste ese sayo,
	que tan al justo te vino?
	Ni tien costuras, ni pliegues,
	pardiez, que está bien tejido;
	de vidrio pensara que es,
	si hubiera sastres de vidrio.
Nicandro	Donoso está el ignorante.
Garbón	Si, cual dicen, has venido
	a ser nuestro general,
	también yo tengo mi oficio.
Aquiles	Y ¿cuál es?
Garbón	Cabo de escuadra
	me ha de ser prometido
	el capitán que nos trujo
	por un hecho peregrino
	que me vio hacer en un pueblo,
	y merece estar escrito

	y aun guardarle en los archeros.

Palamedes   Mentecato, en los archivos.

Garbón   Eso de chivos es pulla.

Aquiles   Es tan donoso y sencillo,
                que el oirle me entretiene.

Ulises   Ya le conozco.

Garbón   Es mi amigo.

Aquiles   Hermosa coronación
                de muros; si guarnecidos
                de tales armas están,
                ¿quién no teme su presidio?

Ulises   La princesa Policena,
                de la hermosura prodigio,
                es aquélla con sus damas
                que a verte entrar han salido.
                Treguas hay; si verla quieres,
                acércate más.

Aquiles   ¡Divino,
                milagro; belleza rara!
                Si tal tesoro conquisto
                ¡qué hazañas más bien premiadas!
                De nuevo ánimo infundido
                siento, Ulises, mi valor
                con la hermosura que miro.

(Hácele Policena señas con un lienzo.)

Ulises	Señal te hace con un lienzo para hablarte.
Deidamia	Celos míos, ¿qué escucháis? ¿Qué es lo que veis? ¿Ayer ausencia, hoy olvidos?
Casandra	Escucha, que ya se acerca.
Aquiles	Ardid debe de haber sido, puesto, señora, que nuevo el mostrar al enemigo, en fe de que no le temen, los despojos más lucidos; y no sé si es discreción, que yo, después que os he visto, por la dicha del ganarlos pienso atropellar peligros.
Policena	Si en fe de ser tan galán, príncipe, lo que habéis dicho, es cortesía amorosa, a gozar hemos venido vuestra gallarda presencia; pero si habláis presumido, sabed que son cazadores nuestros troyanos invictos, y que os ponen el reclamo porque con él divertidos, os entendemos coger en las redes de Cupido.
Aquiles	Poderoso estratagema;

discreto y sutil arbitrio.
Diera yo por verme preso
en vuestros lazos divinos
el alma, que ya no es mía;
ya me parecen prolijos
los términos de esta tregua,
pues dilatar han podido
conquista de estima tanta,
y a poderla hacer suspiros,
fueran de poco provecho
máquinas, flechas y tiros.

Policena   ¡Ay! Si vos fuérades nuestro,
diéraos yo...

Casandra   ¡Qué desvaríos,
señora, el respeto ofenden
a tu recato y juicio!

Policena   ¿Qué he de hacer? No puedo más;
aunque la lengua reprimo,
es móvil primero el alma
de las palabras que digo.

Deidamia   ¿Que esto escucho y no me vengo?
Celos, ¿a esto hemos venido?

Tebandro   ¡Señora!

Deidamia   Estoy por dar voces.
¡Ay, esposo fementido!

Ulises   Despídete, que se acerca
nuestro campo, que ha sabido

nuestra venida, y el rey
sale a él a recibirnos.

Aquiles

Despide tú, si es que puedes,
la luz del Sol; saca el Nilo
de su madre; quita al fuego
el calor, que es su principio,
y será posible entonces
despedirme del hechizo
que he bebido por los ojos.
Partiréme de mí mismo.

(Cajas y trompetas, salen soldados marchando, Patroclo, y detrás Menelao,
viejo, con bastón.)

Aquiles

Déme vuestra Majestad
los pies.

Menelao

Brazos apercibo
para coronar los hombros
en que ha de tener alivio
el peso de mi venganza.
Vos seáis tan bien venido
como en Grecia deseado,
gloria y Sol de nuestro siglo.

Patroclo

Abrazad vuestro Patroclo
si os acordáis de él.

Aquiles

¡Oh, amigo!
¿Cómo pueden olvidarse
amistades desde niños?
Juntos nos hemos criado;
y agora el veros estimo

123

en lo que ganará Troya.

Patroclo   Dándoos los brazos, confirmo
de nuevo nuestra amistad.

(Sobre los muros, Héctor armado.)

Héctor   Príncipe, que en vaticinios,
profecías y esperanzas,
si no mienten adivinos,
conquistador os blasonan
de nuestra ciudad, dominio
del Asia, corte y cabeza
del célebre reino frigio;
después de daros alegre
y cortés el bien venido,
pues venciendo os esperamos
fama que eternizan libros;
para que no dilatéis
los triunfos que prevenidos
os tiene Grecia, fiada
en vuestro valor invicto,
con permisión de las treguas,
cuerpo a cuerpo, os desafío
para mañana.

Aquiles   ¿Quién sois,
confiado comedido,
vos, que me desafiáis?

Héctor   Héctor, mayor de los hijos
de Príamo, rey troyano.

Aquiles   Mostráis, príncipe, cuán digno

124

sois de la fama que os honra,
y aceptando el desafío
os retorno parabienes
que, por ser vuestros, estimo.

(Échale un guante Héctor y otro Policena, coge éste Deidamia y el otro Patroclo, y entrambos Aquiles.)

Héctor   Recibid, pues, ese guante.

Policena   Y éste también, por ser mío,
                que si el de mi hermano os reta,
                ése os favorece.

Aquiles   Admito
                el uno y el otro ufano.

Patroclo   Estando Patroclo vivo,
                desafiado primero,
                mi derecho es más antiguo,
                y así este guante me toca.

(Con banda al rostro, Deidamia.)

Deidamia   Y éste a mí, pues, ofendido,
                si para vos de favor,
                de guerra para mí ha sido.

Aquiles   Suelta Patroclo, si intentas
                no ser de hoy más mi enemigo,
                Suelta tú, si no pretendes
                dar á mis celos principio.

Patroclo   Yo he de pelear con Héctor

	primero, Aquiles, que he sido primero desafiado.
Deidamia	Yo he de matarme contigo antes que el guante te dé.
Aquiles	¿Quién eres, hombre atrevido?
Deidamia	Sabráslo si me buscares.
Aquiles	¿Dónde?
Deidamia	¡Traidor, en ti mismo!
(Vase.)	
Aquiles	Tenedle. ¿Qué es esto, cielos?
Héctor	Si estás, Patroclo, ofendido, hagamos nuestra batalla luego los dos.
Patroclo	Eso pido.
Héctor	Pues espera que ya bajo.
Ulises	Dar fin a esta parte quiso nuestro autor; con la segunda mañana os convida Tirso.

Fin de la comedia

Libros a la carta

A la carta es un servicio especializado para
empresas,
librerías,
bibliotecas,
editoriales
y centros de enseñanza;
y permite confeccionar libros que, por su formato y concepción, sirven a los propósitos más específicos de estas instituciones.

Las empresas nos encargan ediciones personalizadas para marketing editorial o para regalos institucionales. Y los interesados solicitan, a título personal, ediciones antiguas, o no disponibles en el mercado; y las acompañan con notas y comentarios críticos.

Las ediciones tienen como apoyo un libro de estilo con todo tipo de referencias sobre los criterios de tratamiento tipográfico aplicados a nuestros libros que puede ser consultado en Linkgua-ediciones.com.

Linkgua edita por encargo diferentes versiones de una misma obra con distintos tratamientos ortotipográficos (actualizaciones de carácter divulgativo de un clásico, o versiones estrictamente fieles a la edición original de referencia).

Este servicio de ediciones a la carta le permitirá, si usted se dedica a la enseñanza, tener una forma de hacer pública su interpretación de un texto y, sobre una versión digitalizada «base», usted podrá introducir interpretaciones del texto fuente. Es un tópico que los profesores denuncien en clase los desmanes de una edición, o vayan comentando errores de interpretación de un texto y esta es una solución útil a esa necesidad del mundo académico.

Asimismo publicamos de manera sistemática, en un mismo catálogo, tesis doctorales y actas de congresos académicos, que son distribuidas a través de nuestra Web.

El servicio de «libros a la carta» funciona de dos formas.

1. Tenemos un fondo de libros digitalizados que usted puede personalizar en tiradas de al menos cinco ejemplares. Estas personalizaciones pueden ser de todo tipo: añadir notas de clase para uso de un grupo de estudiantes, introducir logos corporativos para uso con fines de marketing empresarial, etc. etc.

2. Buscamos libros descatalogados de otras editoriales y los reeditamos en tiradas cortas a petición de un cliente.